打好
你手里的牌

[英]詹姆斯·博格（James Borg）◎著

贺中钰◎译

Is That Your Card？

中国科学技术出版社

·北 京·

Is That Your Card? By James Borg, ISBN: 9781472144973
Copyright © James Borg 2023
First published in Great Britain in 2023 by Robinson.
The moral right of the author has been asserted.
No part of this publication may be reproduced, stored in a retrieval system, or transmitted, in any form, or by any means, without the prior permission in writing of the publisher, nor be otherwise circulated in any form of binding or cover other than that in which it is published and without a similar condition including this condition being imposed on the subsequent purchaser.
Simplified Chinese translation rights arranged through BIG APPLE AGENCY, LABUAN, MALAYSIA.
Simplified Chinese edition copyright © 2024 by China Science and Technology Press Co., Ltd
北京市版权局著作权合同登记　图字：01-2024-0197

图书在版编目（CIP）数据

打好你手里的牌 /（英）詹姆斯·博格
(James Borg) 著；贺中钰译 . -- 北京：中国科学技术
出版社，2024. 9. -- ISBN 978-7-5236-0925-5

Ⅰ . B80-49

中国国家版本馆 CIP 数据核字第 2024JA5920 号

策划编辑	何英娇　张　頔	**责任编辑**	童媛媛	
封面设计	仙境设计	**版式设计**	蚂蚁设计	
责任校对	邓雪梅	**责任印制**	李晓霖	

出　　版	中国科学技术出版社
发　　行	中国科学技术出版社有限公司
地　　址	北京市海淀区中关村南大街 16 号
邮　　编	100081
发行电话	010-62173865
传　　真	010-62173081
网　　址	http://www.cspbooks.com.cn

开　　本	880mm×1230mm　1/32
字　　数	147 千字
印　　张	7.75
版　　次	2024 年 9 月第 1 版
印　　次	2024 年 9 月第 1 次印刷
印　　刷	大厂回族自治县彩虹印刷有限公司
书　　号	ISBN 978-7-5236-0925-5 / B·185
定　　价	59.00 元

本书赞誉

《每日电讯报》（*The Daily Telegraph*）

这是一本必读好书。

畅销书作家 吉莉·库珀（Jilly Cooper）

这是一本市面少见的"自助"图书，极具可读性，且生动有趣。强烈推荐。

英国广播公司经典喜剧《是，大臣》和《是，首相》的编剧和创剧人安东尼·杰伊（Antony Jay）爵士

对我们这些需要别人来做自己想做之事的人来说，这本书是一本必不可少的指导手册，具有高度可读性和权威性。

获奥斯卡最佳原创歌曲奖的作词家唐·布莱克（Don Black）

詹姆斯是玩文字的高手，慧心巧思、洞察敏锐。我只希望他不要涉足歌词创作行业。

英国广播公司第二电台《史蒂夫·莱特的下午秀》节目主持人史蒂夫·莱特（Steve Wright）

一本引人入胜的书。

英国《金融时报》（*Financial Times*）获奖专栏作家和记者吉莲·邰蒂（Gillian Tett）

每一个想提升生活效率的人，不管位于哪个社会圈层，只要打开这本书，都会乐在其中！

《泰晤士报》（*The Times*）杰瑞米·怀恩（Jeremy Vine）	这是一本通俗易懂的实用性指南。作者让我为这本书写书评。天哪，他写得真好，我心服口服。
英国《独立报》（*The Independent*）	这位作者的每部作品都让人深受启发。
英国《供应管理》（*Supply Management*）杂志	有人曾问奥巴马，如果他当选为总统，会带哪本书去白宫。他回答说："林肯总统的书。"可悲的是，当时我完全想不出有什么书会值得我这样推崇。但现在如果有人这样问我的话，我的答案应该是詹姆斯·博格的书。
"人生教练通讯录"（Life Coach Directory）网站	詹姆斯·博格是我力荐的一位作者。我建议你把这本书从头到尾读一遍。它可能会改变你的人生。
英国《卫报》（*Guardian*）	这是目前最好的一本心理自助图书。
英国广播公司广播和电视节目主持人苏·罗莉（Sue Lawley）	我相信，这本书是争取他人支

持的重要辅助工具，是无价之宝。

《现代管理》（*Management Today*）杂志 | 写到你心里去了吧？已经写到我们心里去了。买它！

《旧金山书评》（*San Francisco Book Review*） | 这绝对是一本五星好书。

《书商》（*The Bookseller*）周刊图表编辑菲利普·斯通（Philip Stone） | 21世纪畅销的心理自助图书之一。

《泰晤士报》 | 博格是身体语言的专家。

广播和电视主持人安吉娜·瑞彭（Angela Rippon） | 读完这本书后，你会满意地发现，自己的沟通技巧已经提高到一个全新的水平。

《书鸣》（*Book Squawk*） | 这本书会激活你的脑细胞，让你增长知识、富有理性，还能帮你提升思考力。轻松自然的语言和字里行间洋溢的满腔热忱为它加分不少，可以说是市面上最好的心理自助图书之一。

《边缘》（*Edge*）杂志 | 一段诙谐幽默、节奏欢快的阅读经历……这本书中确有真谛。

献　词

　　本书献给英国女王伊丽莎白二世。她出身高贵，从小锦衣玉食，但青春年少时就猝不及防被命运塞了一手颇具挑战性的牌，在毫无准备的情况下被迫提前登基，成为英国及其他领土及属地的女王，临危不乱地挑起了团结英联邦成员国的重任。

　　她在位七十余年，见证世界急剧变迁，但始终冷静坚忍、克制内敛、勤勉敬业、无私奉献，因而深受人民的爱戴。

要向打牌的人学习……外部因素我无法控制，但因它而做的选择我是可以控制的。

——斯多葛学派[1]的《道德手册》（*Enchiridion*[2]），

爱比克泰德[3]（Epictetus）

---

① "斯多葛"（stoic）一词源自希腊语，意为"门廊、画廊"，是古希腊哲学的学派之一，因该学派创始人常在廊院聚众讲学而得名，因此也有人将之译为"画廊学派"。——译者注

② Enchiridion一词源自希腊语，意为"手册"，后多指斯多葛学派哲学家爱比克泰德的语录集，也译为《爱比克泰德语录》。——译者注

③ 爱比克泰德（Epictetus）：著名的斯多葛学派哲学家之一。——译者注

每个人都只能接受生活发给自己的牌，但是一旦牌都到手，他或她就必须自己决定这手牌该如何打才能赢。

——伏尔泰（Voltaire）

推荐序

　　每个人都会有自我怀疑的时刻。有时我们会感到情绪失控，觉得无计可施，我们会任凭负面思维占据自己的大脑，任由消极情绪肆意蔓延。每当这样的时刻来临时，我们都需要一本指南来帮助自己回到身心安乐的轨道上。

　　《打好你手里的牌》一书坦诚地告诉大家，我们每个人可能都会抓到一手烂牌，但在人生这场牌局上，真正决定输赢的不是运气，而是我们对此事的反应。我们讲的故事、对事情的价值判断和内心的自我对话可能都会牵制我们走出逆境的步伐，影响我们受打击后重新振作起来的速度。

　　詹姆斯从斯多葛学派哲学家思想中汲取古老智慧的结晶，并将之与现代认知心理学知识相融合，教我们如何化挑战为机会、化挫折为动力，度过人生的艰难时光。他还提出一个尖锐的问题：如果这张真的是你的牌，那么你会怎样打？

希安·威廉姆斯（Sian Williams）博士，
咨询心理学家和播音主持人

你认为自己是什么，
你就是什么

在日常生活中，我们难免会遇到各种各样的困难和挫折，我们要处理来自家庭、工作和经济方面的压力，还要操心自己的健康问题和人际关系。怪不得成千上万的人每天都在饱受心理健康问题的困扰。

在过去差不多十年时间里，我们发现大众对"心理健康"的理解有了明显的转变。以前人们总把这个词与"心理'不'健康"联系在一起，但现在人们已经能相当准确地用这个词去指代我们日常生活中的心理健康状态。

我们每个人所处的不同境遇，遇到的不同挑战，就好比是命运给我们发了不同的"牌"，自然会让我们的人生大不相同。然而，在人生这场牌局中，有的人抓到一手"好牌"，反而输给那些手拿一副"烂牌"的人。

我现在还清楚地记得孩童时曾看到一位魔术师表演一种纸牌魔术，他问道："这是你的牌吗？"这句话让我记忆深刻，久久难忘。等我长大一点后，我便"陷入"魔术的魅力中无法自拔。

　　渐渐地，我对魔术的兴趣变成了一种迷恋。十几岁时，我便获准加入了英国最古老的魔术协会，成为该协会最年轻的成员之一。我当时擅长"心灵魔术"，这也激发了我后来对心理学的兴趣。很快，我就发现自己对观众说出了同样的话："这是你的牌吗？"那个时候，霍格沃茨和哈利·波特还没有在 J. K. 罗琳想象力丰富的大脑中孕育成形。

　　不久后，我在学习的过程中偶然看到了这段话：

　　　　要向打牌的人学习，筹码大小不重要，牌的好坏也不重要；我怎么知道命运会给我发什么牌呢？我能做的事情只有：用心思、用技巧，打好每一张牌……外部因素我无法控制，但因它而做的选择我是可以控制的。

　　　　　　　　　　——《道德手册》，爱比克泰德

　　所以，"牌"这个概念在哲学意义上另有一层含义，那就是——命运。

　　爱比克泰德是古希腊的一位斯多葛学派哲学家。我对斯多葛学派哲学的兴趣始于几十年前的大学时期。那时候经济学已经坐实了自己是一门"悲观的科学"①，而我却发现心理学和生活（以及和经济学）之间的关系更为密切，这一发现让我找到了自己的终极兴趣，也确定了自己研究生学习的方向。

也是在这一时期，我对心理学的近亲——哲学（确切地说，哲学的一个"学派"）进行了深入学习，并与之产生了深刻的共鸣，这个学派就是两千多年前的斯多葛学派哲学。

与其他古老哲学流派不同的是，这派哲学讲的是生活之道，不仅指导人们该如何生活，还引导人们该如何思考。它告诉人们该怎样应对日常生活中的困难、怎样过上幸福的生活。这个哲学流派的魅力在于：用切实可行的方法来践行生活的艺术（这部分内容将在本书中详细阐述）。

斯多葛学派的宗旨很简单：你认为自己是什么，你就是什么。你的想法创造了你的现实，不管是好还是坏。而且，这些想法无一不影响着你的一言一行、一颦一笑。

斯多葛学派的哲学家们早在两千年前就发现了，在我们大脑后台运作的内在叙事是我们一切所想、所感、所说、所做的根源所在。他们也非常清楚我们使用的词语具有强大的力量，这种力量可以唤醒一种情绪，还会进一步引发特定的

_____

① 经济学的"悲观的科学"的称号出自英国历史学家托马斯·卡莱尔。原因有二：一是19世纪资本主义国家社会矛盾丛生，经济学家却提不出救世良方；二是很多经济学家认为由于人们无法满足的欲望和有限的资源之间的矛盾，经济学永远不可能提供完美的解决方案。——译者注

行为。更重要的是，他们还认识到，我们内心的对话和日常生活中的用词都具有这种威力。

我自己的观点和这个学派的思想产生了共鸣。我认为，在学习这流传千年的古老智慧时，我们自然会有所领悟，甚至会豁然开朗，也会深受启发，乃至备受鼓舞，然后我们就可以用自己所认同的理念来帮助和引导自己，走出一条属于自己的人生之路。

几年后，我在攻读心理学和心理治疗的研究生课程时，偶然间读到了美国心理学家和心理治疗师阿尔伯特·埃利斯[①]（Albert Ellis）博士的著作。后来我去纽约出差时，还特意去了位于东 32 街的阿尔伯特·埃利斯研究所。这趟经历让我受益匪浅。这位认知疗法的先驱人物也深受斯多葛学派思想的影响。一块块"拼图"碎片在我脑海中慢慢被拼凑在一起，图案逐渐成形……

埃利斯的认知疗法基于这样一个前提：我们都会对外部事件形成态度、评价、解释及看法等主观映像。当我们有心烦意乱等负面情绪时，引发我们负面情绪的其实不是外部事件本身，而是我们自己对这些事件的评价和看法。所以，埃利斯认为，我们的想法才是我们生活中"烦心琐事"的罪魁

---

① 阿尔伯特·埃利斯是理性情绪行为疗法的创始人，是认知疗法领域有影响力的先驱之一。——译者注

祸首。由此可见，现代认知疗法的发展的确受到了斯多葛学派哲学的直接影响。

古代哲学与现代心理学的这种交织融合，也为我们提供了一个宝贵的个人人生"操作系统"。

我一生都沉迷于研究人类心智和行为的心理学，将工作（及个人研究）的大部分时间都花在两个相邻领域的研究上：一个是说服力对沟通交流的强大力量，另一个则是身体语言带来的巨大影响。而现在第三股力量也逐渐浮出水面，那就是思维。如果没有思维活动，人就会变成行尸走肉。一旦意识到思维是我们可以掌控和改变的因素，我们的人生也会随之改变。

一直以来，我对一个问题特别好奇：为什么有些人似乎生来就拥有实现美满人生的一切条件，但其总是与成功和幸福失之交臂；相反，有些人虽出身不够好，但在人生各方面都能有所作为，甚至成就非凡。其实，思维才是我们人生大戏的幕后主导，在不知不觉中改变了我们的人生轨迹，造就了不一样的人生结局。

有些人有一种自我意识，能意识到思维不是我们被动承受的事情，而是我们自发的主动行为。这是一切的起点，它能最大限度地帮我们减少一生中的压力、焦虑和痛苦，提升我们的心理韧性，让我们的生活变得更美好、更有成就感。

我们大部分对话都是自己与自己的对话。语言文字不仅在写作以及与别人交流中发挥着重要作用，在我们与自己的对话中也具有重大意义。语言的力量无比强大，能激发出我们内心强烈的情感反应。

歌词就具有这样的力量，特别能打动人，尤其是那些能温暖人心、富有特殊意义的歌词。这些蕴含人生哲理的歌词，可以改变人的思维方式。所以，趁现在，为时还不晚，听一听这些藏在歌词里的真心话吧。它们可以抚慰你的心情，陪你熬过低谷，带你走出阴霾，帮你正视自己的不足，还会鼓励你勇敢追求梦想……

当词曲作家的诗意之作从卡伦·卡朋特（Karen Carpenter）口中缓缓流淌，悠扬的歌声敦促我们直视自己的梦想[1]，以免未来抱怨，"都怪我们以前瞎了眼，把梦想驱逐到天边"[2]。此声此意，谁能抗拒？

直到现在我依然坚信，动人的旋律配上动心的歌词，能给人带来无与伦比的享受。自然而然，我的第一个职业目标就是要成为一名词曲创作人。然而，首先我们学校的就业指导员不怎么赞同。其次，我又试了试BBC（英国广播公司）每周的一个电台节目，确实没戏。最后我只好回归现实。

---

[1]《直视你的梦想》（*Look into Your Dreams*）是卡伦·卡朋特的专辑歌曲之一。——译者注

[2] 这句话是《直视你的梦想》中的一句歌词，原文为：The future may say we can blame blind yesterday for chasing our dreams away。——译者注

但那时我就已清楚地认识到，人类可以赋予语言文字一种神奇的"魔力"。我们用语言就可以施展咒语。事实上，"咒语"一词还有另一个意思，也许可以给我们一些启示。我们可以说用言语施展一个"咒语"，也可以说将字母按一定规则和顺序来"拼写"出单词。

这个世上，有一种和语言有关的法术叫作"炼金术"。我们只要能改变自己的思维方式，就会改变我们的语言，从而改变我们的感受，进而改变我们的行为。接下来，就是"见证奇迹的时刻"。所以，从这个意义上来说，我们都是语言的修炼者。语言就是我们的"炼金术"。

在本书的第一章中，我们会谈到，我们每个人都是自己人生故事的讲述者。正是我们给自己讲的故事，决定了我们走的人生道路。而且，我们从小就喜欢听故事、记故事，也喜欢讲故事。生活中，我们还常常用故事来证明一个观点。故事对我们学习知识也有帮助。我们懂得，故事让我们产生了情感的共鸣，故事让语言文字鲜活了起来。

所以，现在我要用一个故事来开启我们这趟"旅程"。我希望这个故事能证明这样一个观点：你有能力在一定程度上去掌控生活中的大小事情，也有能力提高自身的心理健康水平。

目　录

第二章

心理压力和"压力源"

第三章

古老的哲学流派：斯多葛学派

4

第四章

就像 ABC 一样简单

5

第五章

担忧与焦虑

第六章

学会驯服"愤怒"这头猛兽

第七章

诸神可能会掷骰子

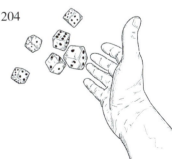

尾　声

咖啡间里的
小讲座

乔恩之前轮岗去公司纽约总部待了半年。回到伦敦分公司后，他来办公楼里的咖啡间找位子坐了下来。很快，凯特也过来了，手里拿着两杯特浓美式咖啡。

"恭喜你升职了，"她说，"看来我们神秘的马克·森特斯（Marc Sentus）对你帮助不小呀。"

"谢谢你，凯特。是的，不可否认这一点。我自己也觉得不可思议。今晚的年度英国颁奖典礼上，我还得上台和其他获奖者站在一起。"

"哎，至少你在发表获奖感言的时候就不会紧张了。你在曼哈顿办公室最后一天的离别感言就说得很棒。"凯特开心地笑着回答说，"他给我们讲的关于公开演讲的那些内容对你绝对有帮助。"

"是的，别的不说，他讲的那些肯定有用。"乔恩回答。

这时，牛津信息技术（IT）部门的同事汤姆走了过来：

"噢，你好，乔恩。我可以坐这里吗？今晚的颁奖典礼肯定会很精彩。恭喜你呀！"

"谢谢。你还没见过凯特吧，我给你介绍一下。她是我去纽约总部后认识的第一个同事。她和我正好相反，她到我们这里来轮岗半年。"

"很高兴见到你，凯特。你肯定觉得我们这里的景色不如中央公园漂亮。"汤姆说。

"噢，我很高兴来这里。就像大多数纽约人一样，我爱伦敦。"凯特说，"我老家是波士顿的。"

"古老的新英格兰①地区，好地方！"汤姆回答说。

"嘿，乔恩，你好吗？"马修推开双开门，和考特尼一起走了进来，看到以前的同事，就走过来和他握手，"我晚点到今晚的颁奖典礼上再祝贺你。还有，"他向凯特示意，"这位就是公司简报里提到过的那位著名的凯特吗？"

"是的，凯特，这位是马修，这位是考特尼。我们在同一个部门一起工作了五年。马修一直嫉妒我轮岗去了纽约。"

"这对你来说绝对是好事一桩，乔恩。"马修回答。

詹妮弗兴奋地走了进来，她微笑着把咖啡杯随手往沙发前的桌子上一放，看上去一副若有所思的样子。

"你怎么了？"考特尼问，"你脸上的表情怎么这么奇怪？"

---

① 波士顿是美国新英格兰地区最大的城市。——译者注

"唉，你知道我有时候情绪会有点低落。"詹妮弗说，"我会怀疑自己，会有一种大难临头的预感。"

"我们不都这样吗？"考特尼回答。

"我知道，但是我要说的重点是，今天早上我在坐火车来的路上翻看了一本书，让我想到，那些充满智慧的名人名言拥有强大力量，可以让一个人的生活发生天翻地覆的改变。真是太神奇了。"

"就这？"考特尼问，注意到詹妮弗现在进入了"仰望天花板若有所思"的状态，"你没有其他要分享给我们的了吗？"

詹妮弗从作茧自缚般的心神恍惚中清醒过来。她把掉在沙发下自己脚边的外套拖了上来，从一侧的口袋中掏出一张纸："在这里，我把这句话记下来了，我读给你们听：'大千世界，处处蕴藏神奇，耐心等待着人类的感官变得更加敏锐。'这句话出自诗人叶芝笔下。"

大家在细细品味这句话后，都沉默了。乔恩看了看凯特，笑了笑，然后对詹妮弗说："我明白你的意思了。我们，就是凯特和我，在纽约遇到了一个人，他告诉了我们一些事情，影响了我们对生活的整个看法。"

"这个人是一个魔术师，我们在公司聚会上遇到他的。我就是在那里第一次见到凯特的。"乔恩指着坐在对面的凯特，"他给了我们俩一句名言。我现在把它放在钱包里随身携带，以作警醒。这句话是斯多葛学派哲学家爱比克泰德说的：'困扰人们的不是事情本身，而是他们对事情的看法。'"

马修一脸疑惑："我可能没弄明白，造成你困扰或给你带来麻烦的事情怎么反倒成了你的错呢？"

"是这样的，马修，"乔恩回答道，"我们每个人都有一种思维，用专业术语来说叫'自动思维'。我们在某种情境中会不由自主地产生一些想法，而这些想法会唤起某些情绪。这些想法基本上决定了我们对情境的感受。"

"那么我想问，像我今天早上这种倒霉透顶的情况，你说的这些对我有什么帮助呢？"马修问，"今天早上，火车本来就晚点了十五分钟，路上又遇到信号故障，在轨道上又停了二十五分钟，害得我错过了早上的第一个会。"

"那时候你感觉怎么样？"乔恩问。

"我坐立不安，激动不已，还向车上的乘务员抱怨了一通。整个过程中我一直在脑海里构思一封信，那就是给火车公司首席执行官的投诉信。"

"你有没有注意车厢里的其他人是什么反应？"乔恩问。

"我注意了一下。有些人在用笔记本电脑，有些人在写东西，有些人在打电话，有些人在看报纸杂志。"

"他们看起来还平静吗？"凯特插话道，她很清楚乔恩要向马修说明什么观点。

"是的，凯特，他们中大多数人看上去都很平静，我想至少都比我更能控制自己。"他回答。

　　"所以说，马修，你和其他乘客处境一样，但你好像选择了和他们不一样的方式来看待这件事，"乔恩说，"这种看法影响了你的情绪和行为。"

　　"应该是的。"马修点点头。

　　乔恩注意到詹妮弗微笑着，好像想说点什么，便把话头转向她："我这样说有道理吗，詹妮弗？"

　　"当然有，我听懂了。"她回答说。

　　"所以，本质上，"乔恩继续说，"我们可以控制自己的想法。我们的信念决定了我们对某种情况的反应。只要我们换个思考方式，观点就会随之改变，感受也会跟着发生变化，从而让行为也发生改变。这个观点现在已经非常成熟了。这就是认知疗法的精髓。"

　　"想法决定一切。担心、焦虑、恐惧、快乐等情绪，都是由其引发的。一个星期以后，凯特和我在办公楼的餐厅区遇到了一个男人，他在另一层楼工作。他向我们解释了为什么思维（尤其是自我对话）是生活中一切事物的关键，对我们特别有帮助。说实话，如果没有他，今晚的领奖名单里就不会有我。"

　　"可以再多说点吗？"汤姆看大家都围坐着不动，饶有兴致地问道。

　　"好，我很乐意继续说下去。只要你们想听，就可以来留下来听。这个场面越来越像《老友记》（*Friends*）中的一幕了！"乔恩一边说，一边把自己的椅子往桌子那边移过去，"请放心，我会在你们身边支持你们（I'll be there for you）①！"

"我再去拿些咖啡来，"凯特说，"这个故事有点长。乔恩，别等我，开始讲吧。没关系的，我当时也在场！"

乔恩笑了笑："好了，故事开始于第六大道一家酒店里举办的一次公司晚会。当时我刚到纽约一个星期。我一个人在晚会上闲逛，不知道该做什么，又不小心打翻了刚从侍者托盘上拿的一大杯霞多丽葡萄酒。故事就是从这里开始的……"

……我转悠到另一间房间。一个身穿燕尾服、打扮得体的男人向我挥了挥手，手里拿着一副纸牌。

"晚上好。"我向他走去。

"嗨，我叫斯科特。"他回应道，招招手让我在他的小桌旁坐下，"你们公司请我来当今晚酒会的魔术师。听你口音，应该是从大洋彼岸来的吧？"

"是的，我是从伦敦分公司过来的。"我说，"我来这边轮岗半年。我叫乔恩。"

"第一次来纽约？"

"是的，所以我很兴奋。"我说，"我经常在电影里和电视里看到纽约的场景，所以我在这里有似曾相识、故地重游的

① 原文 I'll be there for you 是美剧《老友记》的经典片头曲。——译者注

感觉。"

"哎，这座城市可是一个神奇的地方。我相信你之后会发现，没有哪个地方能像这里一样。"

这时，一个女人走进了房间，一只手拿着瓶可乐，另一只手端着一碟小蛋糕，她想用嘴去够蛋糕吃却怎么也吃不到。斯科特向她招招手，示意她过来。

"嗨，坐下来吧，这样你就可以吃到蛋糕了。"斯科特开玩笑说。

"好的，多谢。这鞋真没用。"她指着自己脚上的高跟鞋笑道，"这双细高跟是我的战鞋，就像黄金时段的电视新闻主播穿的那样。我把运动鞋放在楼下的包里了。我想今晚要打扮得精致一点，毕竟今晚来的都是各地分公司的新同事。对了，我叫凯特，你好。"

"嗨，凯特。我叫斯科特，是今晚的魔术师。你见过乔恩了吗？他是从伦敦过来的。"他指着我说。

"我还没见过。很高兴见到你，乔恩。怎么样，还适应吗？"

"哎，还早着呢。"我对她说，"我刚来一个星期，希望能积累更多有效经验，激发自己的自信心。我看到这里很多人都满怀自信，我也想像他们那样。你在这里工作多久了？"

"噢，我一个多月前才从波士顿分公司调过来。"她说，"我纽约的老板说如果我做得好，他就会安排我去欧洲的分公司工作。"

一阵铃声响起，紧接着是一条广播通知："酒水吧台将于半小时后停止服务。"

"我不想占用你们太多时间，"斯科特对我们说，"但在你们走之前，我可以快速地给你们变个纸牌魔术吗？"

我点了点头，凯特说："太好了，我爱魔术。"

他打开一副牌给我们看，然后让我们选一张。接下来，斯科特请凯特打开那个一直放在桌上的信封，看看里面的牌是什么。她把牌从信封里拿了出来，翻过来看。

"这是你的牌吗？"斯科特问道。

我还记得当时凯特惊讶地用手捂着嘴巴说"天哪！"，而我不可思议地晃了晃脑袋。

"我知道肯定好多人问过你这个问题，"我对他说，"但我还想问你，你是怎么做到的呢？"

"我可以告诉你的是，我们魔术师可以用魔术扭曲现实。魔术向来只发生在观众的大脑中，改变他们对现实的看法，所以说，眼见也不一定为实。"

"你还是没说到底怎么把牌变出来的。"我微笑着说，尽管我知道魔术师一般都不会回答这种问题。

"我可以告诉你，你的思维决定了你的人生。思维缔造了你对现实的看法，这些看法转而又塑造了你的现实。"斯科特说，"你之前说过，想提升自己的自信心，让自己变得和这里的人一样自信。但你知道，在生活中各方面都保持自信、取得成就的秘诀是什么吗？"

我记得自己当时摇了摇头表示不知道。

"好吧，秘诀就是多去觉察自己是怎么思考的。不要轻易相信自己的任何想法。"他说，"你的思想决定你的感受，最终会决定你的行为。"

斯科特意识到自己可能耽误了我们的时间，便起身站了起来："对了，我们刚才还在玩纸牌。人生不就像打牌吗？"他说："命运随时有可能给你发牌，你来决定怎么打。有些思维会阻碍你进步，当你纠正了这些不良思维后，你的看法就会有所改变。这是一种信念的改变。这时你就可以创造不一样的生活，甚至创造奇迹。"

然后，他伸出右手，把手上的腕带给凯特看，腕带内侧刻着"创造奇迹"几个字。

"你们走之前，我想送你们一样有两千多年历史的礼物。"他递给我们一张纸条。我们迫不及待地打开了，上面写着一句箴言："你的生活是否幸福取决于你思想的质量。"

"你们听说过斯多葛学派的哲学家吗？"斯科特问。

"听过，"凯特回答，"他们是古希腊罗马时期一个流派的哲学家。如今，他们的思想也被越来越多的人所接受。我记得《时代》（Time）周刊说近年来斯多葛学派思想正在复苏，人们对它的兴趣越来越浓。"

我清楚地记得他是这样回答的:"确实如此,也理应如此。"他转向我说:"今天能认识你们,我很高兴。"

"我需要一个斯多葛学派哲学家来教我如何生活。"我开玩笑地说。他向我伸出手来,用力握了一下我的手。我感觉骨头都要被他捏碎了。他说:"我相信,等时机成熟时,会有人给予你需要的帮助。"

"斯科特,在吧台打烊前,我可以再请你喝杯杜松子酒吗?"我问他。

"不用了,谢谢。我正在努力改变我的生活方式。"他说,"以前,我有时会靠喝酒来缓解压力。小酌还好,但慢慢地容易越喝越多,特别在酒席宴会等场合,很难停下来。"

我点点头表示理解。他接着说道:"对了,不知道你们看过一部电影没有——《驱魔师》(The Exorcist)。'驱魔师'也是大家给我起的绰号……"

我们面带疑惑地看着他朝门口走去。不多久他又转过身来,微笑着解释说:"因为直到所有的'酒鬼'① 都消失以后,我才会离开。"

"所以说,那天晚上我们俩开启了一段奇遇、一段改变

---

① 原文是:"等所有的 spirits 都消失,我才会离开。"Spirits 有"灵魂"和"烈酒"双重含义。因为中文里烈酒一词没有双重含义,所以译者将该词换成酒鬼,以期达到类似效果。——译者注

了我们一生的奇遇。"乔恩正说着，凯特端着一盘子咖啡过来了。他问凯特："凯特，这段奇遇改变了我们的人生，你觉得我这样说对吗？"

凯特点点头，对大家笑着说："我都觉得这个说法过于保守了。"

"乔恩，我有个问题，"詹妮弗说，"他说'我相信，等时机成熟时，会有人给予你需要的帮助'，这句话是什么意思？"

乔恩看向凯特，看她是否想要回答这个问题。

"无巧不成书，不久之后我们就遇到了一个人。当时我和乔恩在下曼哈顿办公楼 14 层的餐厅吃午饭。一个男人走过来问能不能和我们拼桌，然后我们就和他聊了聊。他自我介绍说自己叫马克·森特斯，在旁边写字楼做'沟通'方面的工作。"

乔恩插话说："是的，他还提到自己在筹办一个专题讲座，想和大家讲一讲如何改变'内心'世界，让生活更美好。"

"对，"凯特接腔道，"他说，只要控制自己的'内在对话'，你的态度和情绪，也就是你的感受，就会发生变化，而你的行为也会随之改变。"

乔恩说："我告诉他，刚巧我们最近也遇到一个人说了类似的话。"

　　"是的！"凯特说，"我问他是不是认识那个魔术师斯科特。他犹豫了一下，没有回答。我跟马克说了那个魔术师讲的人生如牌、定数在天、变数在人等诸如此类的事情，比如，我们可以看看自己的处境，轻声问自己'这是你的牌吗？'，就能看清楚信念是怎样妨碍我们用新的眼光来看待事情的。"

　　"然后他对着我说：'凯特，谢谢你。我认为你刚给我专题讲座的第一讲起了个标题。'随后他问我和乔恩有没有兴趣在午餐时间参加他的讲座预演，就我们两个人，当作正式讲座开始前的排练。'不收你们一分钱'，他说。"

　　"我们都跃跃欲试，"乔恩说，"我对凯特说，如果她也想去的话，我也愿意去试一试。我当时肯定有思维过度活跃、思绪奔涌不停的问题，我也想知道我的压力有多少是自己造成的。"

　　"是的，"凯特表示同意，"我有时会感到一阵阵的焦虑，还常常出现'冒名顶替综合征①'的症状。"

　　"冒名顶替综合征？怎么又来一个综合征！"考特尼说，对故事接下来的发展显得很兴奋，"然后呢？你们去参加讲座了吗？"

---

　　① "冒名顶替综合征"是一种心理现象，指的是一个人在内心深处认为自己并不是真的像看起来这么优秀，认为自己不配拥有当下的成就或身份，自我怀疑，缺乏自信，感觉自己像个冒牌货或骗子，担心自己会被别人"曝光"。详见《原来我值得：冒名顶替综合征疗愈手册》，本书由阿西娜·达尼洛著，赵倩译，中国科学技术出版社出版。——译者注

"嘿，你别说，我们还真去了。"乔恩说，"讲座预演就安排在餐厅区后面的一间空房里。每次讲座结束后我们都会一起去喝咖啡，然后马克就会给我们讲个小故事，还会耐心回答我们的每个问题。讲座一共有七次，值得庆幸的是，我们每次都录了音。"

詹妮弗插话说："你们还留着录音吗？我们能听一下吗？"

"说来也巧，凯特刚好把讲座的录音都转成了文字。"乔恩说着，看向凯特，"我们好像还有点时间可以看看，你觉得呢？"

"我们要到三点半才出发去国王十字车站，去那里坐火车去参加颁奖典礼。"凯特回答说。

"我们可以打印几份吗？这样他们每个人都可以拿一份，通读一遍讲座内容。"乔恩问。

"当然可以，我现在就去十楼打印四份出来。"凯特说着，从双开门中走了出去。

"所以，我想，"詹妮弗说，"你的意思是，我们需要对自己的想法有一种自我意识，还要质疑那些对自己不利的想法，这样才能改变我们的人生。"

"你理解得非常正确，"乔恩回答，"改变一切的契机就藏在思维之中。如果你每天都过得艰难困苦，如果你认为自己一出生就拿到一手'烂牌'，你的想法会让你退缩不前、自暴自弃。"

"那我们的思维方式有没有可能突然之间就改变了？"

"这可没那么简单，我们在思考方式上都养成了一种习惯，大多数时候，都是思维在控制着我们。但是，我们可以退后一步，看看自己是怎么思考的，然后改变自己的态度，纠正之前的不良信念。"

"但这不是一朝一夕就能改变的，对吗？"詹妮弗问。

"当然不是，绝无可能。经过长期的努力，最终你会根除那些对你有百害而无一利的'错误'思维习惯。然后，余下的事情就可以交给大脑了，可以说，大脑会替你'重新布线'。你听说过'神经可塑性'这个专业名词吗？"

考特尼插进来说："我听过，这是一个振奋人心的发现，对吧？之前人们只知道大脑细胞不能再生，但现在我们知道了大脑中的神经元之间可以产生新的连接、强化新的通路。研究表明，不仅生活经历会改变大脑生理结构，就连小小的想法也能导致大脑结构发生变化。"

"是的，真是个伟大的发现。"乔恩说，"我们生活中的大部分对话都是在和自己对话。大脑在我们和自己'聊天'中发生变化。这一心理活动会引起大脑结构和通路的改变，从而形成新的习惯。"

"这些新通路可以促进幸福感，帮助我们以积极的态度面对困境；这反过来又可以锻炼我们的心理韧性、培养我们积极乐观的精神。这就是为什么认知疗法这个基于实证研究实践的心理疗法，成了目前国际上运用最广泛、最有效的心理治疗方法之一。"

这时，凯特兴冲冲地推开门走进来，只见她怀抱着一叠纸，满面春风地说："都打印好了，每人一份。"

"大家从第一讲开始看吧，"乔恩说，"我要上楼去一下办公室，还要过一遍今晚的演讲稿，看看最后还有什么要修改的地方。你们先看，稍后再跟我们说说有什么想法。我过几个小时就回来补充咖啡因。待会儿见！"

"我也要回楼上办公室了，"凯特说，"待会儿就回来，帮我们留一下座位！"

A ♥

第一章
这是你的牌吗？

我们给自己讲的故事

生活是否幸福取决于思想的品质。

——《沉思录》（*Meditations*），
马克·奥勒留（Marcus Aurelius）

　　人们常说，判断一个人能否过上自己满意的生活，不能光看他的学历水平、培训背景及人生经历，关键还要看他的心理韧性水平，这才是决定性因素。所以，与其说人的命运掌握在自己"手"中，不如说人的命运掌握在自己"脑"中。

　　简单来说，我们赋予思维以强大的力量，强大到可左右我们的生活方式。自我对话每时每刻都在引发情绪变化，这种变化可以是积极的，也可以是消极的。

　　不管在生活中还是书本中，我们都见过那些"拿到一手好牌"的幸运儿，他们似乎占尽人生优势，却一路高开低走，不管在哪个领域，好像都无法将优势化为胜势，将一手好牌打得稀烂，亲手毁掉自己实现人生理想的机会。

　　我们也见过那些"被命运塞了一手烂牌"的人，他们在逆境中艰难起步，一路坎坷，历经曲折，一生中却总能有所作为。这些人的自我对话往往以乐观的想法为主，但并不是说他们就没有消极的想法（研究发现，我们每天会产生 1.2 万至 6 万个想法，其中约 80% 的想法都是消极的），只不过他们知道，自己的想法和情绪可以不受外力支配。

　　正是我们自己与自己交谈，才产生了各种感受。

有一句话相信很多人都很熟悉，在我们不断进行内在评判时，它常常会浮现在我们脑海中："这件事我永远也无法做到。"你可以把这句话改成："我先尽最大努力，再看结果如何……"你一定会注意到，第二句话不带任何负面色彩。

英国小说家鲁德亚德·吉卜林（Rudyard Kipling）有句话说对了："言语，当然是人类用过最有效的药。"如今，随着我们对大脑研究的深入，这个当初凭直觉形成的观点也得到了神经科学家的证实。言语会产生情绪，而情绪又会反过来影响大脑中的神经化学物质。

我们须时刻谨记，言语具有强大的力量，它会塑造我们的想法，调节我们的情绪。人生路上，"荆棘丛生、坎坷泥泞"，而我们是否有披荆斩棘、踏平坎坷的能力，取决于我们在人生的牌局中给自己讲的故事。不同的故事会让人产生不一样的感受，有的会给人带来希望，有的会给人带来绝望。

人生就像在玩扑克牌游戏，我们要学会接受自己的出身、正视自身的处境，还要直面自己的牌技。有这样一种说法："牌好靠手气，打好靠实力。"正如在扑克牌游戏中，随机发到手中的牌面不一样，面临的局势也不一样。我们决定不了拿到什么牌，只有打好手中的每一张牌，才有可能逆风翻盘。

在牌桌上注意观察，我们可以学到很多东西。比如，怎样假装无意间透露自己神态或想法有变，用虚张声势的方法在弱势牌局上扭转乾坤。机遇对牌局很重要，对人生同样重要。我们无法掌控什么事会发生在自己身上，但我们每天都可以选择用什么方式来应对。

多少次，我们发现，正当我们多多少少接受了现实，也找到了一些解决问题的办法时，生活冷不防又塞给我们一张差牌或一手烂牌，将我们推进焦虑不安和压力重重的深渊。

但发给我们的牌，我们又必须得打。当然，看到别人手气好，人都会感到灰心丧气。他们拿的是皇家同花顺[①]，你抓的牌却乱七八糟，怎么凑都凑不拢，怎么打？所以，不妨改变一下思路，换个故事讲一讲，找找自己人生中的有利因素。

或许，命运会赐给你一些"垃圾牌"或"悲情牌"，比方说，给你一个不太美好的童年，但这并不能定义你是谁。每个人出生的境遇和成长的环境天然不同。我们见过有人似乎没有拿过什么好牌，但当危机和考验来临时，却能兵来将挡、水来土掩，最终化险为夷、转危为安、百炼为钢。在面对未来的挑战时，他们也会因此而变得更坚韧不拔。

然而，我们也见过有人在困难面前溃不成军，而且这一辈子里，每次遇到挫折都会消极颓废。当然，任何人只要经历过失败、悲伤和心灵创伤，都会感受到真真切切、刻骨铭心的痛苦，久久难以释怀。

[①] "皇家同花顺"是得克萨斯扑克中最大的牌，也就是由黑桃10、J、Q、K、A组成的同花顺。——译者注

现在，我们可以看到，有的人能从困境或挫折中"触底反弹"，而有的人却长期被困在人生低谷，找不到出路。两种人有两种完全不同的表现，长年累月，影响深远。原因是什么？是他们的思维。

古代哲学家教导我们，生活中有些事是我们无法控制的。因此，我们不应该去控制那些自己能力范围之外的事情，给自己造成不必要的痛苦。

生活中许多的不开心都源于我们妄想去掌控那些不在自己控制范围内的事情。我们应该把重心放在可以控制的事情上。万一不可控的事情发生在自己身上，也要学会坦然接受。在斯多葛哲学思想（详见本书第三章）中，不接受现实中的事与愿违，幻想事情有另一种结局，都是一些不切实际、毫无用处的想法。

实际上，我们在所有章节中都会反复强调一个问题：我们要为自己看待事情的方式负责，继而为自己的情绪反应负责。因为只有明白了这一点，你才会摆脱"只有改变环境或改变他人，自己的心情才变好"的思想禁锢，才会发现其实我们的内心状态在调节心理健康方面拥有无比强大的力量。

每个人都有自己的目标和抱负，而我们怎么看待自己的目标和抱负，决定着我们会产生怎样的感受，以及怎么去行动。每个人也是自己生活现状的第一责任人。有人曾说："连想象都不去想象，就什么也不会发生。"（If you don't imagine, nothing ever happens.）美国电影导演斯皮尔伯格也说过："我的问题是，我关不掉自己的想象力。"（My problem is I can't turn off my imagination.）

现在，我想点明一个贯穿全书的核心观点：我们对事物的看法决定了我们对它们的感受，继而决定了我们的行为。当意识到自己可以控制自己的思维、改写自己的人生、改善自己的心理健康状态时，人们都会感觉自己的内心充满了力量。

放眼社会，大到商业、体育、娱乐、政治圈，小到我们自己身边，都不乏逆境中追梦人勇敢的身影。他们身上就是有这样一股冲劲、这样一种渴望，让他们砥砺前行，直到冲出困境。尽管一路历经艰难挫折，但他们靠常用的思维方式建立起牢固的自信。

所以说，我们和自己的对话影响着我们的一举一动，也影响着我们一生的成与败。因此，我们总是得不到自己想要的东西，只会得到自己预想中会得到的东西。如果这两者碰巧一致，那就谢天谢地、万事大吉了。

我们都是讲故事的人

生活其实是由一个个瞬间拼接而成的故事。作为人类的我们，是从自己给自己讲的故事中去构建现实的。给自己讲的故事成了我们对自己生活的叙事，决定着我们成就的大小。我们经常把目光投向外面，看看"外部"世界发生了什么，却很少关心脑海中的"内部"世界实际上发生了什么。

也就是说，如果一件事情发生了，你会在心里给自己讲个故事，告诉自己这件事为什么会发生（"我不够聪明，学不精通这个""我太……，所以我将永远得不到升职机会""我年纪太大了，不适合做……"），然后故事就变成了现实。如果我们停下来，去分析，去审视这些内在对话，就会质疑这些想法是否有"证据"支持。这样一来，我们就能更加理性地思考问题，故事也会有一个更美好的版本。

你的生活，就是你内心想法的真实呈现。就好像你从书架上拿起的小说用叙事手法向读者解释书里正发生什么事情，我们也在用叙事手法向自己描述现在的生活。自我对话告诉我们现在正发生什么事。重点是，我们一边看这个世界，一边听它描述，就像看直播时听现场解说一样。

我们这一辈子，都要面对自己的过去、现在和未来。手里的牌有些还是在童年时期发给我们的，所以过去的经历对现在的我们还是存在一定的影响。我们在人生经历中吸取经验，在一路上的"荆棘坎坷"中吸取教训，然后建立起一个装满了经验教训的宝库，里面有我们面临过的所有情境、各种记忆，还有体验过的全部情绪情感，以后在我们需要解释事情或做决策时，所有这些经验教训都会发挥重要作用。

但这可能会阻碍你的发展。你给自己讲的故事可能是一个剧本中的选段，剧本中可能包含了早年家贫、兄弟阋墙、家庭地位低下，抑或没有足够的教育资源等情节。所以一定要留心注意，重新审视这些故事。

每个人踏上的人生道路不一样，书写的人生故事自然也各有千秋。这世间不可能有相同的两个人生。每个人的态度、信念以及我们感知这个世界的方式都是独一无二的。

于是，每个人讲给自己的故事逐渐变成了各自都坚信不疑的真理。也正因为如此，我们很难改变自己长期存在的信念（而且这些信念在本质上大多都是消极信念），导致我们的心理健康反复出现问题。但是，我们要时刻谨记，每个故事都有三个版本：你的、我的和真的。

心理健康意识

如今，主流媒体对心理健康的话题已经直言不讳。因为这已成为全社会的重大问题，和不同年龄阶段的每一个人都息息相关。近来，越来越多的年轻人因焦虑、抑郁或缺乏自尊等问题寻求专业人士的帮助。这一现象也引起了人们的广泛关注。不少人都说，是社交媒体加剧了青少年的心理健康问题。正如一位时事评论员写的那样："在我们这个时代，孩子们好像只有两种状态：不是在睡觉就是在上网。"

　　多年来，不少专家一直在强调，心理健康素养应该会成为孩子高中和大学毕业后的核心竞争力之一。如果能教会青少年儿童，他们在大多数情况下都能主宰自己的思维和感受这个道理，他们将终身受益，也会因而获得自主掌控人生的力量。与其让孩子父母和家人想方设法、马不停蹄地去保护和呵护孩子，还不如从小就培养孩子的心理灵活性和心理坚韧性，这才是真正的标本兼治。如果在孩子童年期①没有培养好这两项能力，那么也不要指望孩子上中学或大学后会突然脱胎换骨，无师自通。

　　如果等到从学校毕业时，他们依然在这方面有所欠缺的话，那么未来的路就会越走越难。想想那些初入职场的毕业生，好不容易求职成功，但刚进公司就在工作上遇到困难，他们会给自己讲什么故事来帮助自己迎接挑战？许多人认为，一场心理健康的"疫情"在多年前就已悄然蔓延开来。如果我们能给予青少年儿童恰当的教育，教导他们有效控制自己的想法和感受，告诉他们人对自身处境有一定的控制力，他们的内心就会充满力量，相信自己可以主动掌握自己的命运。

　　现在就是此时此地。我们能改变的只有当下。如果你想要改变现状、追求更好的未来，那么你需要采取一种思维方

---

　　① 在发展心理学中，童年期是指六七岁至十一二岁这一时期，也称学龄初期或小学期。——译者注

式来帮助你实现目标、消除怀疑、克服恐惧。我们自述的故事，也就是说给自己听的人生经历，就具备这种当下的力量，能够为我们的心灵注入乐观、希望、喜悦和昂扬的活力，相反，也能在其中灌入悲观、悲伤和绝望等极端情绪。

你给自己讲的故事能推动你大步向前，也能拽着你让你寸步难移。

不要轻易相信自己的任何想法

我们对思维稍加分析，就能明白为什么它与感觉如此不同。感官体验是对外部世界的即时反馈。比如，你无法闻到，也无法尝到来自未来或过去的味道。但是思维并不会局限于此时此刻正在发生的事情。我们让自己体会到悲伤、失望、愤怒等情绪，是因为我们有能力改变自己的视角，把事情从"现在"的状态扩展到以下认知状态：

事情"应该"是怎样的；
事情"以前"是怎样的；
我们担心事情"将来"会变成怎样（一想到这里，我们就开始感到焦虑或恐惧）。

说起来容易做起来难，但如果我们能学会接受生活中正在发生的一切，不要总是抱有幻想，坚持认为事情应该有另一种结果，我们就不会把宝贵的时间浪费在焦虑上，也不会一直处于压力状态。

你可以将自己的想法看成一种个人解读或观点，它是你对自己当前人生境遇的一番理解，也是你赋予事情意义的一个内部过程。如此一来，我们构造现实的方式不可避免会受到我们信念和观点的影响，继而又会影响我们看待自己、他人及世界的方式。

总之：**如果你想改变你的人生，请从改变自己与自己说话的方式开始。**

当我们想要生活如常却遇到无常时，我们很容易也很自然就想要怨天尤人，认为是境遇、挫折和他人给我们带来了压力、焦虑、沮丧和愤怒等情绪。但是别忘了，我们认为自己是什么样子，自己就会变成什么样子。我们的思想完全有能力，也有意愿阻碍我们进步，或激发我们奋进。

我们的思维决定了我们对自身情况的看法，继而决定了我们看待世界的眼光和对待机遇的态度。有时候，我们只有失去了一些东西才会懂得，所有的不快乐和不满足，都是由我们的思考方式造成的。为了让大家更容易理解这一点，我想给大家讲一个故事。

从前有个国王，他非常富有，宫殿华丽，奴仆成群，什么都用最好的：吃最好的东西，穿最好的衣服，戴最好的珠宝。

尽管如此，他还是不快乐。

为了寻找快乐，他开始酗酒，也开始放纵自己，沉迷于一些自毁行为。但他依然感觉不到快乐。

于是他贴出告示，重金悬赏能让他感到快乐的人。

消息传开，成百上千的人都来到国王面前，想要让国王体验这种情绪，但他们都失败了。一天，一位智者出现了，他请求单独面见国王。

国王向智者讲述了他的问题后，智者问他："您心中是否真的有绝对把握，为了获得快乐可以做出任何牺牲吗？"

国王向他保证："只要能找到快乐，我什么都可以牺牲。"

智者解释说，拥有财产不一定能让人找到快乐。他问国王是否愿意放弃自己所有的财富。

绝望的国王说，只要是智者建议他做的，任何事情他都愿意做。他把自己所有的金银珠宝等贵重物品都放进一个箱子里，让仆人把箱子放在他前面。

"您确定您所有值钱的东西都在这里了吗？"智者问，"您必须抛去一切身家财产。这点很重要。"

国王向他保证所有值钱的东西都在箱子里了，连他拥有的土地和宫殿，他都愿意放弃。

"现在我该做什么呢？"国王问道。

"先做几次深呼吸，然后闭上眼睛等几分钟。"智者回答说。

国王闭上眼睛后，智者捡起那个装满宝贝的箱子拔腿就跑。国王感觉到自己被骗了，腾的一下站了起来，不快乐的情绪马上转变成了愤怒。他开始追赶智者，一边追一边喊："你这个骗子！你这个无赖！你欺骗了我！你这个江湖骗子！你根本不是一个智者！"

最后，智者跑到一条窄巷里躲了起来。国王派手下大力搜寻。大概十五分钟之后，一个仆人告诉国王，他们看到一个人带着一个小箱子进入了某条小巷。于是，国王终于找到了智者，并与他正面对峙。

国王向他咆哮："你这个贼人，还假装自己是智者？！你装模作样来我这里不是为了教我如何获得快乐，只是想偷我的财产！"

智者看着国王，脸上露出了讳莫如深的微笑："告诉我，您从骗人的贼人手里拿回了自己的金银珠宝时，开不开心？"

"开心。"国王若有所思。

"请坐。"他向国王示意，请他坐在自己对面那块光滑的石头上。

"您没看出来吗？我刚刚教给了您一个获得快乐的神奇公式。"

"什么意思？"国王问。

"您想想看，大约半个小时前，您还拥有您所有的财产，所有的金银珠宝。但是您不快乐。"

"是的。"国王点点头。

"然后我把您所有财产都拿走了，现在您又把所有财产都拿回来了，您感到了快乐。"

国王脸上疑惑的表情开始渐渐消失。他倾身向前，认真聆听。

智者继续说："那么这种快乐从哪里来呢，是从财富中来的吗？还是因为您实现了自己想实现的事情，快乐来自您内心深处呢？"

国王心悦诚服，他站了起来，谦逊地向智者鞠了一躬，为刚刚智者给自己上的这一课，表达了自己最深的谢意。

觉察自己的消极思维"偏见"

虽然积极思维更贴合现实，也会让人更健康，但对大多数人来说，也更难以习得；相反，与之所对应的消极思维，则像是一位"不速之客"，我们用起来也更轻车熟道。

如果你童年的成长环境既快乐又温馨，那么有可能（但也不能保证）你更容易用积极的方式来思考和看待这个世界。如果你早期的成长经历和童年回忆大多时候都是苦涩的、困难重重的，那么你倾向于消极思维的可能性更大。这种悲观

态度往往会引发一种自我应验预言（self-fulfilling prophecy）[1]
的情况，即我们的消极想法会不断在我们的生活中、实际情
况中得到应验。

幸而我们还可以改变这一切。一个想法，除了你赋予它
的力量，它本身是没有其他任何力量的。正是因为你脑海里
接二连三冒出来的同样想法，才能让这些力量汇聚成排山倒
海的动能。人们常说，大脑思维是习惯的产物，因此它可以
源源不断地接纳积极想法，正如它绵绵不绝地接收消极想法
那样。

改变的秘诀就是，不要放任那些无益的、自我检讨式的
想法在你头脑里扎根；在这些想法造成任何伤害之前，将它
们一一识别出来。这样的话，一个消极想法就只会是一个消
极想法。

我们在之后的内容中也会讲到，情绪感受是思维方式的产
物，所以我们很多时候都可能会情绪不佳。所有的情绪，不管
好坏，都源自我们内心，在我们与自己的对话中逐渐被唤醒。

人生中的一切都是故事。如果说改变你的思维就能改变
你的人生，那么可以说改写你的故事也能改写你的一生。而

---

① 自我应验预言（self-fulfilling prophecy），又被译为自证预言或自我实现
预言，是最早由社会学家罗伯特·默顿提出的一种社会心理学现象，指人们先入
为主的判断，无论是否正确，都多少会影响到人们的行为，以至于这个判断最终
真的实现。——译者注

改写故事的第一步就是意识到我们每天都在给自己讲些什么故事，比如我们身上在发生什么事，这个世界正在发生什么事，我们做得好还是不好，其他人做得怎么样，等等，可谓是无所不包！

"今天下午预约了健身房的私教，但我不想去了。没人注意到我瘦了一点，也没人看出我身材紧致了一些。简直在浪费时间、浪费金钱。我这种体型没救了。"

什么？上了两节私教课就想要效果明显？！

"还是算了吧，佩图拉。不要参加部门每周的抽奖活动了。我就没那种运气，从来没中过奖。"

什么？一辈子只买了三张抽奖券/彩票就得出这个结论？！

"我觉得我还是跟财务部说一声，我不想去参加下个月的会议和展销活动了。上次我去了一个这样的活动，都没遇见一个有意思的人。"

什么？去参加这次活动的还是上次那批人吗？

生活中充满着无常和挑战，而怎样诠释和看待这些无常和挑战，我们每个人都有一套自己的主观见解。这套态度或者说信念决定了个体对"事件"的心理反应。我们的思维决定了我们对自身情况的看法，随后也决定了我们看待世界的眼光和对待机遇的态度。

许多研究已经发现（后文会提及），我们的思维（认知）风格，以及我们由此形成的对情况和事件的解释方式，都决定了我们处事应变的能力。

　　我敢说，所有人都曾与不安全感做过斗争。人无完人，每个人都有出错的时候。遇到挫折时，如果我们能保持情绪积极稳定，也许就能想出良好的解决办法，抗压能力也可能比一般人更强。你生命中所有的成就，或者大部分的失败，都是想法的最终结果。我们可以说，想法是引发你情绪的直接原因。所以，大部分时候，都是这种自我对话在唤起我们的情绪。

　　现在，我想提出一个中心观点，接下来的章节（讲座内容）都会围绕这个观点展开，那就是：**我们对事情的想法决定了我们的感受。**

　　就是这么简单。

"观察"你的思维

　　有多少次，我们听别人说过，或自己也说过："我没办法控制自己的感受。"但是，现在是时候来重新审视这句话了。也许你一直错以为是其他东西——某种"更高级别的力量"，在阻碍你改变自己的情绪感受，但现在你知道，是你自己的想法让你产生了感受。

　　你的思想就处于你的控制之下。既然它可以创造出一种特殊的情绪，当然也可以改变这种情绪，只要我们能退后一步，"观察"我们的思维。

换句话说，我们可以反驳自己的想法。

我们对事物的看法或想法，会影响我们的情绪感受和身体反应。这是我们身心连接①的结果。你的想法创造出你感受到的情绪。在我们进入第二章之前，你需要向自己证明这一点，所以请试一下这个简单的练习：

先想好你现在想要感受什么情绪：比如，愤怒、悲伤、内疚、紧张或快乐。

现在，不要去想引发这种情绪的具体情境，试着去感受这种情绪……

完全没办法感受到，对不对？明白了这一点，我们就有了力量。这意味着你可以不由情绪来控制你，你可以掌控自己的情绪，改善自己的心情，让自己的内心变得更强大。如果你给感觉到的情绪贴上标签（悲伤、愤怒、内疚、紧张等），这个看似简单的步骤就能帮你更好地觉察自己的情绪、审视自己是如何感知事情的。你可以继续观察和分析自己内心的絮絮叨叨，看看它是否会成为一种感觉出现前的先兆，

① 身心连接（mind-body connection）是指大脑和身体之间的化学语言交流。其通过神经系统、内分泌系统和免疫系统的共同作用，建立身心联系，从而影响身体的健康状态。——译者注

而这种感觉又是否为接下来的动作（行为）埋下伏笔。

留些时间倾听你内心的对话。你会发现，很多时候内心发出的都是爱挑剔的或负面的声音。这些声音会影响你对自己的感觉，也会影响你遇事的反应。我们对自身问题的认识构成了我们的故事。

我们的故事和信念是如此强大，以至于"观察我们的思维"的过程（后文会详述）在提高我们的生活质量方面发挥着至关重要的作用，在应对我们面临的所有的疑虑、恐惧和困难方面也占据了举足轻重的重要地位。然而，就算我们经过反复训练，已经学会了在思考时审视自己的思维，我们也可能会受到重重阻碍，儿时就形成的坚定信念，还有在长年累月的生活实践中确立起来的那些信念，都可能成为我们成长路上的拦路虎和绊脚石。

我们的抱负和期望也许都是一个个我们创作出来的故事——一个个描述我们对他人、对自己、对世界有什么期望的故事。我们的思维也许会让我们陷入失望、愤怒、沮丧、嫉妒和焦虑等负面情绪。每个人都有自己的心理弱点，哪怕那些存在已久的信念冒出"一点星火"，也能形成燎原之势。

当我们因某种情况而烦恼，或因他人的事情而生气时，我们要明白，是我们自己的态度或信念形成了我们的思维，随之引发了我们的感受（这一点将在第四章中讨论 ABC 模型时详细讨论）。同样，我们的感受（或情绪）也能让我们对当下发生的事情产生有害无益的想法、勾起我们的伤心往事,还能让我们对未来可能会发生的事情感到焦虑不安。

大半个世纪以来,认知心理治疗革命一直在主张强调:我们应该对自己产生的想法负责。我们也应该对改变这些想法而负责。我们有责任在适当时候将这些想法变成更健康、更合理的观点。

我们和自己的谈话,是我们一生中最重要的谈话。

在所有的章节(讲座内容)中,我们都会反复强调这个问题:我们要对自己看待事情的方式负责,继而对自己的情绪反应负责。因为只有明白了这一点,你才会发现其实我们的内心状态在调节心理健康方面拥有无比强大的力量,才会摆脱"只有改变环境或改变他人,自己的心情才变好"的思想禁锢。

因为情绪是思维方式的产物,所以我们很多时候都可能会情绪不佳。你的信念(或态度)促使你思考,从而对你的情绪以及随后的行为都产生了影响。我们许多人都认为思考是件理所当然的事情,从来不会退后一步,去想一想其实信念才是我们所有行为的核心。更重要的是,你有能力控制自己的思想,而不是让思想来控制你。

每个人都有自己的目标追求和理想抱负,而我们对自己目标的看法或信念将决定我们如何感受、如何行动。每个人都是自己生活现状的第一责任人。有人曾说:"连想象都不去想象，就什么也不会发生。"

你认为自己是哪一种人？

有些人想要追求自己的目标。

有些人希望自己的目标能实现。

有些人付诸行动，主动去实现目标。

所以，你人生中会有什么样的经历，取得什么样的成就，关键就在于你在人生牌局中如何出牌。

喝咖啡，听故事

在一次从拉斯维加斯飞往伦敦的航班上，在飞机靠前的一排座位上，并排坐着一位男律师和一个主妇。律师问主妇她去拉斯维加斯做了什么。

"我儿子在拉斯维加斯的一家酒店工作。我去看他。你呢？"

"我去参加了一个为期六天的律师会议，"他回答说，"说实话有点儿无聊。但我抽时间去赌场玩了扑克和二十一点。"

"我去赌场喜欢玩老虎机，偶尔玩一下基诺。"她说。

这时，一名空姐经过，看到主妇，轻轻俯身问道："还好吗，琳达？您需要点什么吗？"

"我只是有点儿累，想要睡一会儿。给我一杯水就可以了。"

空姐又问律师："您想要些什么吗，先生？"

"双份波旁威士忌，不加冰，谢谢。"

接着律师转头看向主妇，问她想不想玩一个小游戏——一种快问快答类的小游戏，可以打发旅途中的时间。他还说，她可以寻求任何帮助。她礼貌地拒绝了，转身面朝窗户，暗示律师她需要休息一会儿。

律师没有放弃，继续说，告诉她这个游戏简单又有趣："我问你一个问题，如果你不知道答案，你就给我 5 美元。你问我一个问题，如果我回答不上来，我就给你 5 美元。"

"恕我直言，"她礼貌地回答，"我觉得这个游戏不适合我。我的教育水平没有你高，也没有你那么见多识广。不过，几天前我在赌桌上玩了几把后，我儿子和我说的话我觉得挺有道理的。他说：'一个人可能学历高、能力强、成就高，但可能是个理财文盲。'"

"可能是吧。"律师回答，"好吧，我们稍微改一下规则。如果你不知道答案，你就给我 5 美元。如果我不知道答案，我就给你 500 美元。这样公平了吗？"

这句话成功引起了主妇的兴趣，她想着如果不同意参加的话，自己也没法睡好觉，于是她转过身来面对他。

"我想确认一下，"她说，"如果你问我一个问题，我给不出答案的话，我就给你 5 美元。"

"我是这么说的。"律师回答说。

"如果我问你一个问题，"她继续说，"你不能给我答案的话，你就给我 500 美元。"

"没错。"律师回答。

"好吧。这样对我就公平多了。"她说。

律师问了第一个问题："地球到月球之间的距离有多远？"

主妇二话不说，从钱包里掏出 5 美元递给律师。

"好了，轮到你问我了。"律师说。

主妇问道:"什么生物能在 15 分钟内用三条腿上山,再用四条腿下山?"

律师拿出自己的笔记本电脑,疯狂地寻找答案。他又给自己的亲戚朋友和同事发了邮件和短信,但都一无所获。一个小时后,他叫醒了主妇,不情不愿地递给她 500 美元。主妇拿来手提包,从里面掏出钱包,把钞票整整齐齐地放进钱包里,然后说:"谢谢你。"

他等着主妇说出答案,但她转头朝向窗户继续睡了。这时,空姐走了过来,注意到了这位一脸疑惑的男人:"都还好吗?"他点了点头。

律师付了 500 美元后,迫不及待想知道答案,却没人告诉他。求知心切的他叫醒了主妇,问道:"嘿,钱给你了。答案到底是什么!"

主妇一言不发,摘下眼罩,拿出钱包,递给律师 5 美元,然后转向窗户,继续睡觉。

A♥

第二章
心理压力和"压力源"

照顾好你的心理健康

对自己温柔一点，你只不过是宇宙的孩子，与植物、星辰没什么两样。在生活的嘈杂与混乱中，请保持心灵的平静。

——《心之所向》（*Desiderata*），

麦克斯·埃尔曼（Max Ehrmann）

现在人们说话时动不动就提到"压力"，这个词已经成为一个日常用语，可以笼统概括我们所处的所有消极状态。你一定见过那些整天说自己压力大的人。

"我上周搬家了，整天就是不停地拆箱、归纳、整理，还要办理水电气过户，好有压力。"

"我这个月压力好大。马上就要交报告了，还要去给我的车做保养。"

"我觉得我不能和你一起去明晚的联谊会了。感觉最近压力山大。"

"压力""压力好大""压力山大"这些词常常从人们的嘴里脱口而出。然而，你回想自己人生路上的"荆棘坎坷"时，也许会觉得他人说的许多问题听起来更像是"生活"，而不是"压力"。

为了方便理解，我们可以对"压力"和"压力源"作以下定义：

压力 ①（应激）是指我们对于施加于我们身上的需求所产生的反应。

压力源（应激源）是指给我们造成压力的事情、条件或环境。

我们都遇到过叫作**"急性压力源"**的事件：短时间内必须处理的需求。日常生活中充满困难和责任。从早上起床的那一刻起，我们就必须准备好乘风破浪，度过一天的起起伏伏。我们的一生也像海浪一样，潮起潮落，有浮有沉。

你得找一个信得过的水管工把锅炉修好。下个路口在施工，而且好像有辆车抛锚了，你必须保持镇静。你必须在月底前完成绩效评估。要做的事情堆积如山，你觉得好像怎么也做不完。但重点是，我们最终都会处理掉这些事情，好让自己的身体和心情都回归某种形式的平衡状态。

我们也遇到过专业术语为**"慢性压力源"**的烦恼。慢性压力源指的是那些长期影响我们的事情，比如，失业或辞职后长时间寻找工作、经济压力、健康问题、照顾家人、婚姻和人际关系问题等。

其实，生活中的许多压力都是由我们自己的思想造成的，

---

① 压力（stress）在心理学中也被称为"应激"，所以心理学中一般习惯性称"压力源"为"应激源"。——译者注

这一点在后面的章节中会深入讨论。我们每个人都有自己的"内在压力源"，内心的想法会带给我们压力。于是，我们凭一己之力，就可以瞬间打破内心的平静（斯多葛学派哲学家主张人们应保持内心安宁：详见第三章），摧毁自己的精神世界，任其崩塌粉碎。这些消极的想法会让你有压力和恐惧感，也会让你落入自我批判的怪圈。

我们已经习惯了"积极思维是好的，消极思维是不好的"这种说法，但这个说法未免把问题看得过于简单。如果你心理健康的话，我们就可以说你感受过负面情绪。这句话听起来有些自相矛盾。我们都有快乐和悲伤的时候，不管情绪是快乐还是悲伤，想法才是情绪背后的源头。想法为我们提供了信息，告诉我们如何看待当前的境遇，提示我们能对此做些什么。

我们大脑的首要目标是确保我们生存下去（其起源最早可追溯至史前时代），而且在我们对一个简单的想法做出反应时，大脑还会帮我们在外部世界（甚至内心世界）探测会遇到什么危险。心理健康和每个人都息息相关。因为外界环境每天都在变化，所以我们的心理健康状态也一定会随之改变。意识到这一点是提升我们心理健康的第一步，这样我们才能认识到，想法就只是想法而已。

你一定还记得，在第一章中我们说过脑海中的故事会引导我们做出判断、我们感受到的情绪会引导我们以特定的行为方式做出回应。如果我们在脑海里将故事"回放"一遍，我们就能去寻找促使我们使用这种行为方式的"错误"思维（这一点会在后文中详细分析）。

然而我们大多数人都有一个问题，那就是没有意识到自己与自己时时刻刻都在脑海中交谈。你正在思考某个问题，然后你的思绪就跑到了另一桩困扰你的事情上。这是一个渐进的过程：你在脑海中幻想，越想越多，像拍了一部"微电影"一样，思绪沿着事情可能的走向和结局不断蔓延，你开始焦躁不安。

"如果牙医说我需要拔牙而不是补牙，我就会赶不上和客户一起吃午饭，我敢肯定这个客户会和其他人签合同，因为他们会觉得我不可靠。这不公平，我晚上和周末都在加班……"多年前，在我的一次"掌控自己的思维"专题工作坊中，有一位名叫简的学员向整个学习小组讲述了她的一段思维过程，清清楚楚地展示出我们人类是怎样思考的。她口中这段幻想的前提是，假设脑海中的想法都会"成真"。这种幻想，在身心连接起作用时，会给我们带来痛苦和不必要的生理压力。她绘声绘色地向大家讲述了有天早上去上班的路上自己想了什么：

早上我出门去上班，看到了一辆停在路边的车，车窗没关。下一秒我的思绪就跳到了另一件事情上：我隔壁邻居的草坪看上去好绿呀。人行道上一块铺路石裂了，我没看到，差点摔一跤，然后注意到了街角那幢房子前的药草园，这房子刚卖出去。我看见一个单独的盆子里种着一些芝麻菜，这让我想起和我同事说过自己想要找一个中午去试试一种三明治。"小龙虾加芝麻叶三明治，也许今天中午就可以去吃。"我想着。接下来，当我快到火车站时，我脑子里冒出的一系列想法是：

"如果火车这次又因为信号故障延误，我就会又一次错过早上的会议，乔治（她的上司）就会生气。大家都会觉得我不靠谱。乔治就会把我的客户交给其他同事，尽管这个客户是我早几年开发的。他可能会让西蒙接手。然后他们会设法逼我辞职。我就会和人力资源部的波特夫人大吵一架，她也许会穿着那件难看的洋红色两件套。她一直不喜欢我，脾气又特别暴躁，但其他人好像都没看出来。她会怂恿我打她。我们扭打之后，她会抓住我的头发，不让我动。我的裙子会被扯破。有人还会叫保安上来，让我清桌子走人。波特夫人还会对我提出指控（她的报复心就是有这么强），而我最终会被送上法庭。也许我会坐一小段时间的牢，穿着又脏又丑的囚服，和别人住在一间牢房里。我没办法和其他囚犯一起吃饭。我也不想去院子里放风，在那里洗澡也很可怕。监狱里的人都会偷运违禁物质和尖锐物品。每天只能给家人打一次电话（我会受不了的），我必须……"

　　我非常感谢简给我们带来了一部情节生动的"深夜 B 级电影"①，这一切都源于她不知道自己要坐的那趟火车会不会因信号故障而延误。我们都知道，富有创造力的人往往想象力十分活跃，然而研究也表明，有些人也因此更容易焦虑。当然，想象力可以帮助他们在不同领域大放异彩。用史蒂文·斯皮尔伯格的话来说："我的问题是，我关不掉自己的想象力。"

　　需要注意两点：第一点，我也向简指出过这一点，如果她走近火车站时最后一个念头仍然和小龙虾三明治有关的话，那么后面的那些呈螺旋式下降②的消极想法就不会出现；第二点，她后来告诉我们，火车准点到站！（真是浪费了"战斗或逃跑"反应③中分泌的应激化学物质。）

　　这个例子非常鲜明地展示出我们是怎么思考的，也让人不禁想起了心理学家和心理治疗师阿尔伯特·埃利斯在他周

---

　　① 深夜 B 级电影通常是指制作成本较低、制作质量不高、故事情节离奇、特效简单的电影。这类电影通常在深夜播出，是一种低成本、低预期的娱乐形式。——译者注

　　② 螺旋式下降的思维方式是消极思维的特点之一，常见于抑郁的人，指的是思维丧失灵活性，凡事往坏处想，而且不停在记忆中寻找证据证明或适应自己的消极观念，越想觉得事情越糟，想法和情绪就会越来越负面。——译者注

　　③ 战斗或逃跑反应，是心理学、生理学名词，由美国心理学家沃尔特·坎农于 1929 年提出，指对威胁的感知引发一连串生理变化，大脑在整个中枢神经系统发出警报时，一系列的神经和腺体将产生应激反应，使躯体做好防御、挣扎或者逃跑的准备。——译者注

五深夜心理工作坊"座无虚席"（在纽约连续举办了四十余年）说过的一句著名的话："如果火星人明白了我们人类是怎么思考的，他们会笑死的。"

除了纯粹由我们自己思想产生的内在压力源，还有些压力源被归为"外在压力源"，与我们感官能感知到的东西有关。生活中的重大变故、动荡不安、经济困难、就业问题以及人际关系问题等，都会影响到我们每个人，无一例外。这些都是一些常见的外在压力源，与我们朝夕相处，息息相关。然而，我们需要意识到，所有的压力源会转变成我们对事物的评价性想法，因此每个压力源都会产生"认知"结果。

当我们陷入压力状态时，以下四个方面会受到影响：

心智；
情绪；
生理；
行为。

这四个方面在日常工作学习生活中的表现方式通常为：

一件事情发生了；
这件事让我想到了 X（想法）；
这些想法让我感受到 Y（情绪）；

这些情绪最终让我做出 Z（行为）。

有没有很熟悉的感觉？这个模式概括总结了我们日常
生活中大多数时候遇事后的心理过程。毋庸置疑，它有时候
会给我们带来积极的结果，但有时候也会将我们推入压力的
深渊。

当我们遇到压力事件，感到担心甚至害怕都是正常的反
应，同时产生多种感觉也是很正常的。就像当你面对挑战时，
你会感到紧张，同时也会为可能赢得的胜利而感到激动。

我们的压力很少只来自一个压力源，往往是从各方各面
慢慢累积而成的。对我们大部分人来说，单单感知到时间压
力（没有其他任何事情发生）就能给我们带来压力，也会对
我们的情绪造成负面影响。一旦发现要做的事情无穷无尽、
堆积如山，你的压力就转变为焦虑。

许多压力都是我们自己给自己造成的。我们生活在一个
提倡"一心多用"的社会里，人们普遍认为能同时处理多项
任务是省时高效的表现，却忽略了这样做的消极后果。我们
都遇到过这样的情况：承担太多工作量，没有提前规划，说
了要做却没有做，拖延，说话有口无心，人缘差，没时间滋
养家庭，时间管理得一塌糊涂，简直不胜枚举。为了我自己
的"时间管理"，我只能就此打住。

这些情况带来的后果是对我们的心理健康造成了不利影

响。我们会觉得自己光是活着就耗光了所有精力。这让我想起了电影《夺宝奇兵》(*Raiders of the Lost Ark*)中的一个场景。印第安纳·琼斯(Indiana Jones)那位精力充沛的前女友对他说:"你和我十年前认识的你不一样了。"印第安纳的扮演者哈里森·福特(Harrison Ford)回答:"这和年龄没关系,和经历有关系。"

面对消极,保持积极

当我们陷入批判性自我对话时,我们就会拥有一种强大的负面能量,可以瞬间打破自己内心的平静,摧毁自己的精神世界。负面的想法会让我们感到压力、害怕和自责,而这些情绪会严重破坏我们的心理健康。

当然,我们也可以假设一切都会顺利,这样想有助于减轻我们的焦虑情绪,但是这样的态度也意味着,我们没有想过在困难来临时自己能够做些什么。如果你能在脑海中想象可能会出现什么挫折,那么你就已经在为事情偏离正轨计划解决方案了,这样你的压力也会降至最低。

适度悲观是有益健康的。适度的悲观会让你想象自己面对不太理想的结果时会如何反应,而且,一旦出现最坏的情况,你也做好了最坏的打算,知道如何解决问题。如果你意识到未来人生路上会出现什么样的障碍,你就会未雨绸缪,做好两手准备，提前留好退路。

人人都会做计划，但是我们也知道，生活中有太多变化，而计划往往不如变化快，经常让我们猝不及防，心理健康也可能因此出现问题。

不管在工作上还是生活中，心理健康问题已不再是一个令人尴尬或谈之色变的话题。现代人每天生活在纷繁复杂的社会中，日复一日地承受着生活的压力，应对着各种变化，面对着势不可挡的数字技术化趋势等一系列事情。这些事情让许多人都产生了一种无所适从的感觉，压力也随之越来越大。

我们的心理健康状态会随着人生境况的变化而波动。如果将心理健康看作一个连续体，"极度健康"和"极度不健康"就处于这个连续体的两端，随着生活中发生的不同事情，我们的心理健康状况就沿着这个连续体在两个端点之间来回移动。有些人还喜欢用"情绪幸福感"作为替代，因为这个词听起来更积极阳光。

不过，知识是战胜恐惧的良药。现在，越来越多来自各行各业的人可以毫不避讳地讨论自己的心理健康状态。有利就一定有弊，实际上，将困难和挑战引发的正常应激反应"医疗化"，就是其弊端之一。

曾几何时，我们只有在心理出现问题的时候才会谈及心理健康。现在人们普遍认为，关心自己的心理健康，就和我们常常担心自己的身体健康一样，都是很正常的行为。

世界卫生组织指出："心理健康不仅仅是指没有心理障碍，而是指一种健康或幸福的状态。在这种状态下，个体得以实现自我，能够应对正常的生活压力，工作富有成效，有能力为其所在的社会做贡献。"

我们在日常生活中会偶有"失控"感。我们在遇到以下四个问题时最容易情绪失控：

（1）工作；

（2）人际关系；

（3）教育子女；

（4）经济问题。

然而，当我们问受访者，让他们生活一地鸡毛的罪魁祸首是这四大压力源还是鸡毛蒜皮的小事时，他们的回答都出乎我们意料。让人们三番五次陷入压力状态的居然都是一些微不足道的小事：屋顶排水管漏水，信用卡丢失，车祸（不是你造成的），中央供暖锅炉坏了……这些日常琐事，日积月累，让人疲惫不堪。可以解释这一现象的原因似乎是，当我们面对主要压力源时，我们感觉必须找到一种方法将问题解决掉才行，而且，就某些方面而言，大事筹划起来也没有那么费力。

我们经常面临的压力可以分为两种：急性压力和慢性

压力①。

急性压力是我们处于紧急情况时感受到的压力感。在我们感到不安或面对挑战时，这种压力可能会触发我们的"战斗或逃跑"反应；当"威胁"结束后，这种压力也会随之快速缓解，生理反应会消失，身体回归正常状态。

慢性压力则是由家庭工作等日常压力源引起的一种长期持续的压力感，是日常生活中的急性压力源长期存在而造成的应激反应。

由于这些压力源长期存在，压力也就持续存在，所以慢性压力不会像急性压力一样，有一个"开关"可以控制。如果我们手里抓着一堆烂牌，每天都忧心忡忡不知道打哪张才好，那么我们的机体功能就会长期失调紊乱。高速公路上的警示灯闪烁不休，不停提醒着你，因道路施工造成前方拥堵，预计通行时间可能要一个小时；你马上就要在颁奖典礼上发表演讲；你把手机弄丢了（你是不是把它忘在超市的货架上了？"我一生中最重要的东西都在里面……"）；你在荒无人烟的乡村公路上开着车，车胎突然爆了；节日当天，家里的燃气锅炉居然罢工了；笔记本电脑的屏幕卡住不动了……

每当出现这种情况，你就会看到有人对着某个东西歇斯底里地怒吼咆哮，好像大喊大叫事情就会出现转机一样，其

---

① 心理学也称之为急性应激和慢性应激。——译者注

实这样做除了给他们自己带来更多压力，消耗更多精力，根本没有任何用处。美国一位讽刺作家和主持人 P. J. 欧罗克（P. J. O'Rourke）有句话说得好："永远不要和一个没有生命的物件打架。"

完全就是感知问题

生活总是纷纷扰扰，每天都会出现一些我们称为"压力源"的事情（说到底我们也都只是脆弱的人类），给我们造成压力和困扰。不管你喜不喜欢，事实就是如此。从哲学的角度来看，我们必须接受这就是生活本来的模样。

所有事不容迟的紧急情况，所有不得不接受的最后期限，我们有没有将它们都按轻重缓急的处理顺序进行分类？有没有可能，事情的结果在很大程度上都取决于我们的态度？也就是说，同样一件事情，如果做出不一样的反应，结果会不会更好呢？怎样才能做出不同反应？换一种思考方式可以吗？毕竟我们知道，我们的想法在管控我们的行为。

当你看到有人在他人眼中可能"充满压力"的情境中看上去依然不慌不忙，你也许会感到好奇，想知道他们是如何保持沉着冷静的。相反，如果换作是你，你可能就会产生一些不良或负面情绪。

是因为他们做了什么你没做的事吗？

倘若我们看看你都做了什么，也许就能发现答案——你脑海里总是一些自我限制的负面想法。所以，让我们再回到信念上面。

如果我们能看清楚一个基本的问题——你在控制自己的大脑（也因此在控制自己的思维），而不是大脑在控制你，你就可以改变自己不理性的自我对话（详见第五章）。改变思维，就能改变结果。

你遇事的反应方式也许和你的早期生活①经历的困难有关。不同的个性也给每个人能应对多少烦心事设置了不同高度的门槛。对不同人群的研究分析表明，有些人会把其他人眼中的压力状态"降级"到一个更有益健康的状态：有紧迫感②，好让自己感觉好受一些（"不能说话，我现在很有紧迫感……"）。但是如果换成另一批人，可能会把同样的紧迫感看作压力。

感受到"紧迫感"的人常常认为有紧迫感是一件好事，具有正面意义。因为无论在工作上还是生活中，它都可以担当激励因素，起到推动的作用。紧迫感可以激发我们的创造力，促使我们完成一项任务，推动我们寻找问题的解决方案。

---

① 早期生活（early life）：大约 3 岁之前。——译者注

② 原文是 pressure，该词的中文意思也是"压力、紧张、因某事带来的压迫感等"，只不过常被用作激励因素，其隐含意义比"stress"稍微积极正面一些。——译者注

但是，心再宽的人，也会有紧迫感过高的时候。每当这时，他们会陷入压力状态。紧接着，他们可能会觉得自己濒临失控边缘，感觉自己无法处理那么多迫在眉睫的事情。

所以，每个人对"压力"都有着不同的定义，什么情况才算做是有压力的情况，大家对此都有不同的看法。这种差异完全是由感知造成的。我们看一看压力情境的定义就明白了：**压力情境指个人感知到的事件和责任超出了个人应对能力范围时的情境**。

既然我们对一种情境的感知和看法会对我们的感受和情绪造成影响，那么，归根结底，所有行为和情绪的差异都是由思维方式的差异造成的（图 2-1）。

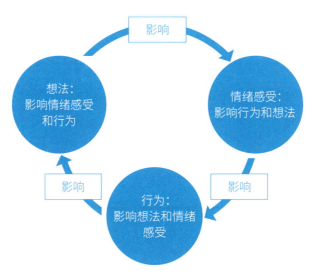

图 2-1　我们的想法、情绪和行为

当然，有时候我们会提醒自己有"危险"，情绪或感受就像是我们体内的警报系统，警告我们要及时采取必要行动。但我们也会产生非理性思维，这种思维会扭曲我们对某事或某行为的评价，从而引发一个又一个的消极想法，像滚雪球似的，压得我们喘不过气来。

"他们都迟到了，"肖恩想，"日程表上写着我的演讲从早上 9:30 开始。但当时现场只坐了十个人。现在是 9:45 了，刚刚又进来了六个人。哦，现在又到了三个。显然大家都不想来，否则他们就不会拖拖拉拉，这么晚才到。也许有人听过我之前的演讲，告诉大家我的演讲晦涩枯燥、味同嚼蜡。也许吧，谁知道呢？我为什么要在乎？"

其实，如果肖恩随便问一个人，就会得知今天出租车司机在车站附近进行 24 小时大罢工，很多人不得不在那里下车，步行过来，所以才会迟到。这就是非理性思维引起认知扭曲的一个例子，在心理学中被称为"全或无思维"[1]或"妄下结论"[2]。

---

① 全或无思维，也被称为"非黑即白""非此即彼""两极化"，以及"极端思维"。这种思维用二分法看待事物，没有中间地带。——译者注

② 妄下结论是指在没有掌握所有事实的情况下判断或决定某事，得出毫无根据的结论。——译者注

压力的迹象

英国卫生安全局（Health and Safety Executive）以大量科学研究结果为依据，发现了引起态度或行为改变的一些常见的情绪迹象和症状，这些迹象或症状表明了压力的存在：

感到焦虑；

感到抑郁；

悲伤情绪；

敏感烦躁 / 容易被激怒；

动不动就发火；

疲惫 / 精疲力竭。

当我们面对压力时，我们有时会采取暴食、酗酒等纵欲行乐的方式来麻醉自己，逃避压力。你应该还记得，当新冠病毒席卷全球时，你只能居家隔离，不能外出，发型也像疫情一样逐渐变得一发不可收拾。大家心照不宣地把喝鸡尾酒的时间① 提前了一个小时又一个小时……"是时候再来一杯

---

① 鸡尾酒时间是指晚饭前下班后的一段时间。人们会在这个时间喝喝鸡尾酒放松一下，一般在下午 4 点和晚上 7 点之间。——译者注

封锁期的马提尼 ① 了！""是的，我不介意再喝一杯。不要冰块。""我们再开一盒全脂芝士条好吗？""当然好呀！"

但这样做无异于饮鸩止渴。科学家爱因斯坦说过：

> 魔鬼对我们生活中享受的一切都施加了惩罚。
>
> 要么我们的健康遭殃，要么我们的灵魂受苦，要么我们发胖。
>
> ——《爱因斯坦：生平与时代》(*Einstein: The Life and Times*)，罗纳德·克拉克 (Ronald W. Clark)

那么，现代科技的迅猛发展又给人类社会带来了什么影响呢？如今我们身边的媒体都热衷于报道负面新闻，难怪我们经常感到压力山大，而且总是有消极思维的困扰。我们在媒体镜头里不断看到战争、洪水、饥荒和自然灾害的画面时，肯定都会感到焦虑不安。比起振奋人心的好消息，这些坏消息更容易引起我们的关注。这是人之本性。准时收看每晚六点的新闻节目难道不是在自讨苦吃吗？

---

① 封锁期的马提尼是指新冠疫情期间，因为在家隔离，人们没法去酒吧喝调制鸡尾酒，只能自己在家调制的一种马提尼鸡尾酒。——译者注

我们需要一种新的思维方式，才能从容应对生活的挑战。

情况合适时，某些消极情绪可以被归类于健康情绪，特别是在它们持续时间不长的情况下。

比如，你去医院检查后，在等待结果时感到焦虑；对自己没有入围布克文学奖（Booker Prize）的最终候选名单而感到失望；对铁路局临时取消火车班次而感到愤怒；在高速公路上看到车辆抛锚造成交通堵塞越来越严重而感到沮丧。这些全都是再正常不过的反应。

容忍负面情绪的重点在于，不要试图去完全压制住消极情绪，而是应该通过改变想法来缓解情绪。凡事都往好处想的话，我们就会经常感到失望。人人都提倡的"积极思考①"这一"教条"并非放之四海而皆准的真理。

我们也许无法控制自己会遇到什么事，但我们可以学会用不同方式处事。我们可以"积极"地接纳自己的消极想法。我们可以直面人生，试图寻找解决问题或克服困难的办法。哪怕山穷水尽、无计可施，我们也可以改变自己的想法，从而改变自己的情绪。

重要的是我们要谨记，人有七情六欲。焦虑、愤怒、沮丧、担心、失望和悲伤等负面情绪都是人之常情。只

---

① 积极思考（Peale, 1980/2000）也被称为"正向思考"或"正面思考"（春山茂雄，1995/1996），是指以积极、正向的心态看待所处的种种状况。——译者注

有负面情绪的强度和持续的时间，才对我们的身心健康有影响。

斯多葛学派的哲学家塞涅卡 [1]（Seneca）指出，人类的许多烦恼都来自对未来的惴惴不安和对过去的耿耿于怀，却恰恰忘记了最重要的是当下。他是这样说的：

野兽看到危险就会逃跑。一旦逃离危险，它们就不再焦虑。

只有我们人类还困在过去和未来的痛苦中。

——《塞涅卡道德书简：致鲁基里乌斯书信集》[2]，塞涅卡

说"不"的力量

我们经常发现，对有些人来说，在工作上取得良好表现和较高成就是非常重要的事情，影响着他们的自我评价，而

---

[1] 塞涅卡：古罗马时期的斯多葛学派哲学家、政治家、悲剧作家、雄辩家。——译者注

[2] 原书名为：*Letters from a Stoic*，也有人译为《一位斯多葛主义哲学家的信件》。《塞涅卡道德书简：致鲁基里乌斯书信集》是塞涅卡给朋友鲁基里乌斯写的书信合集。他在信中给朋友提供了许多富有哲理的建议，对现在的我们也有借鉴意义。——译者注

他们的自尊[1]水平也会随之提高。

不少人也看到，认真负责的员工往往会承担更多的工作，因此也比积极性不高的员工承担了更多的压力。他们就是很难对别人开口说"不"。而且，因为他们的自我肯定感是在工作中建立起来的，所以一旦工作上出了差错，他们不仅会感到压力大，连自尊水平也会随之下降。

但是，我们都低估了说"不"的力量，这个字其实是改善我们心理健康的有力工具。我们见过很多这样的人，他们硬着头皮答应了别人的请求，然后倍感压力，随之开始委屈抱怨，后悔自己当初没有拒绝，整个人都显得心烦意乱、闷闷不乐，压力也越来越大。

有时候我们答应别人，是因为被逼得下不来台。比如，别人在我们正忙的时候请我们帮忙，我们一时情急，一下子根本想不出合适的说辞来委婉地拒绝别人，又得马上回复人家，所以只好同意帮这个忙。

之所以会产生这种心理冲突[2]，通常是因为你想维护好亲戚朋友之间或同事之间的"人际关系"。你认为"如果我

---

[1] 心理学的自尊和我们平常说的自尊心是两个不同的概念。心理学的自尊指的是个体对自我的总体评价，具体来说就是：个体是否觉得自己有价值、有能力、值得被爱等。——译者注

[2] 心理冲突是指个体在有目的的行为活动中，存在两个或两个以上相反或相互排斥的动机时所产生的一种矛盾心理状态。——译者注

说'不行'，会得罪他们。""我拒绝的话，显得我好像没能力做这件事。""如果我拒绝，她会生我的气。""如果我不去参加……，他就会不喜欢我了。"

结果却常常是我们痛恨自己为什么要答应，责怪自己为什么要帮这个忙，也开始怪罪请我们帮忙的人，认为他们也有错。这样的想法可能会点燃我们的怒火，然后消极想法就会一个接一个冒出来，开始沿着螺旋式结构不断下滑。而这一切的一切都是因为我们无法鼓起勇气，婉言拒绝朋友或同事的请求。有时候，这可能只是一种取悦别人的习惯。但更多时候，无法把"不"字说出口，才是真正的问题所在。所以你可以换一种方式说"不"，既不伤别人情面，自己心里也舒服一些。比如，你可以这样说：

"谢谢你的邀请，但我认真考虑了很久，还是觉得不参加为好。"

"你人真好，居民委员会要请人帮忙，你一下就想到了我。只可惜我能力不够，帮不上这个忙，不好意思。"

"如果换作平常，我是很愿意帮你的，但最近这段时间我实在太忙了，每天都加班到很晚才回家。"

"因为我要照顾孩子，还要做家务，家里的事情实在太多了，所以我仔细考虑了以后，还是决定不加入委员会了。"

身心连接和激素的作用

回想史前时代，恐惧应该是当时人类最常感受到的负面情绪。在恐惧中，我们的身体分泌大量应激化学物质，我们随即进入熟悉的"战斗或逃跑"状态。随着社会的进步和发展，现代生活方式也越来越多样化，从不同方面给我们带来了各种压力，频频影响着我们的生活质量。

但大脑在危急时刻的应对方式却没什么不同。你去摸自己的钱包却发现它被偷了的惊慌时刻，和你在远古时期意外碰到了一只动物的惊恐瞬间，对大脑来说，都一样是"危险"。

结果都会让我们心跳加快、呼吸短促、身体含氧量增加，然后我们就准备好逃跑或战斗。常有人说，人类是在进化过程中产生了这一自我保护的反应机制。但正因为这一机制形成于史前时代，它才只能辨别是否安全或有潜在危险。这种生存本能让我们敢于与凶猛的野兽或对手进行对抗（战斗），也能让我们找机会溜之大吉（逃跑）。

当我们脱离战斗或逃脱成功，抵达安全区域后，身体的副交感神经系统（PNS）就会向大脑发出信号，请求大脑停止释放化学物质。然后，身体各项生理指标逐渐恢复到正常水平。

想想看，当电视台重播《万圣节》（Halloween）或《惊魂记》（*Psycho*）这类惊悚电影时，每次看到恐怖的地方，你的心脏是否都会怦怦直跳。这种感受其实是压力应激反应①的生理性和心理性表现。可怕的一幕过去之后，剧烈的心跳才会慢慢平复下来……直到下一个惊悚镜头出现。

其实，从食道一直到大肠，我们消化道里的衬里细胞②中都含有神经肽（来自神经系统的信息物质）以及神经肽受体。据说，可能正是因为这些神经肽受体的存在，人们的肠胃也可以感知情绪，也就是英语中常说的"gut feeling"（肠胃里的感觉），也就是"直觉"的意思。

边缘系统是大脑的"情绪控制中心"。杏仁核，即恐惧环路③上的两个小杏仁状组织，就位于这一脑区的深处。当我们可能面临威胁或危险时，杏仁核就会拉响警报，触发一系列连锁反应。边缘系统中还有一个重要的腺体，叫作下丘脑。你有没有去过大街上的药店，有没有要求见他们的经理？如果大脑是一家药店的话，下丘脑就是这家药店的经理，因为

---

① 压力应激反应，也被称为"应激反应"或"压力反应"，是指由于各种紧张性刺激物（应激源）引起的个体非特异性反应，包括生理反应和心理反应两大类。——译者注

② 衬里细胞：在生物发育学领域中，衬里是指涵盖了身体器官表面的细胞层。衬里通常由某种特定类型的细胞组成，它们在器官的形成和功能中起着重要作用。衬里细胞可分为多种类型，包括内皮细胞、上皮细胞和神经胶质细胞等。因此，文中此处主要应指食道和胃肠道黏膜的上皮细胞。——译者注

③ 恐惧环路：以杏仁核为中心，前额叶和海马体等脑区共同参与的一条与恐惧记忆有关的神经环路机制。——译者注

是它决定着大脑要分泌哪些化学物质来对想法或外界情况做出反应。

杏仁核感知到潜在危险后，会立即给下丘脑发送"求救信号"，命令它激活"战斗或逃跑"模式。然后，下丘脑会把信号发送给脑垂体，要求它向肾上腺（位于肾脏上方）传递信号，分泌大量激素进入血液。这一连串的反馈调节就构成了所谓的下丘脑—垂体—肾上腺轴（HPA 轴）。

在这个过程中，身体会释放大量不同的激素，最主要的激素有两种：肾上腺素和皮质醇。肾上腺素会导致心跳加快，从而向肌肉泵送更多血液（为战斗或逃跑做准备），也会引起血压升高，呼吸急促，从而向肺部输送更多氧气。这就是"战斗或逃跑"反应中的生理变化。

皮质醇会增加血液中的葡萄糖（或糖）含量，与此同时，它还会抑制紧急情况下的一些非必要身体功能，比如消化系统等，从而让更多血液流向大型肌肉。随着体内胃液减少、唾液分泌不足，我们会觉得口干舌燥，呼吸也会变得更急促。

一切尽在呼吸之间

我们的呼吸习惯对心理健康状态也有着重要影响。正常人的呼吸频率一般在每分钟 12~14 次。只要你浅浅呼吸几次，身体就会进入焦虑状态，好像在为坏消息或危急情况做准备。

试着让自己的呼吸慢慢拉长、加深，将呼吸频率调整为每分钟 8 次左右。当你的心跳变慢时，你会感到更放松。

但是，如果我们呼吸变快（或者加深，或者同时又快又深），就会导致换气过度的问题，也就是过度呼吸。它会造成血液中的二氧化碳浓度下降，严重时可引起体内酸碱平衡失调。我们的身体靠酸碱平衡来调节呼吸，如果 pH 酸碱度升高，就会进一步激活"战斗或逃跑"反应。

处于过度呼吸状态的人一般都采用胸式呼吸（通过胸腔扩展来呼吸，而不是横膈膜移动，后者是腹式呼吸，更健康）。采用胸式呼吸的人，胸腔向外扩张，向上提升，呼吸快而浅。许多有慢性焦虑问题的人经常使用这种方式呼吸，久而久之，习惯成自然。结果是：一旦有压力或焦虑事件产生，他们就会下意识地使用胸式呼吸。问题是：正如我们之前所说的那样，这种呼吸方式会在体内引起某种化学反应，产生一系列连锁反应，让身体为应对危机做好准备。

那么，怎样可以检查自己的呼吸模式，判断自己是否有胸式呼吸的习惯，因而容易出现过度呼吸的现象？把手放在自己胸部，深吸一口气。你的手有没有随胸腔起伏？如果有，那么你就是在用胸腔呼吸，表现出胸式呼吸的特征。问题是：过度呼吸也会让你在平时的生活中产生不同程度的"战斗或逃跑"的症状。许多人一天中大部分时间都在用上胸腔呼吸，这是他们对感知到的威胁性情况做出的正常反应。如果他们不改变自己的认知和思维，那么什么也不会改变。

因此，人们生活中的大部分压力和轻度焦虑症状会因其呼吸模式而变得更严重，这一观点也就十分合理了。

然而，当前的社会环境也让这个问题愈演愈烈。许多人深受社交媒体和"明星"文化的影响，认为拥有平坦小腹才算好身材，所以在所有时间里，不管坐立行走，都时刻收着肚子，绷紧腹部肌肉。这种姿态最难以进行腹式呼吸，却给胸式呼吸大开方便之门。

你应该见过，在奥斯卡金像奖或英国电影学院奖（BAFTA）颁奖典礼开始之前，明星们都盛装打扮，在红毯上接受电视媒体采访，而两边的摄影记者都在疯狂拍照。紧身服装是妨碍人使用腹式呼吸的第二个不利因素，随着修身款服装的流行，越来越多的人在体内无意识分泌应激化学物质。

我们都应该养成腹式呼吸的习惯。把手放在肚子上，深吸一口气，如果你的手随肚子起伏，那么你用的就是腹式呼吸。当我们身体处于放松状态，或者没有进行任何一种体育活动时，我们往往采用的是腹式呼吸。

这是一种更有利于健康的呼吸方式，其特点是呼吸得更缓慢、更深入。肺的下部充满空气时，会推动横膈膜向下移动，之后，腹部会慢慢鼓起。随着呼吸的节奏，肚子也会跟着扩张与收缩。

但出于本能，我们一般都会选择浅呼吸，这种呼吸会向大脑发出信号，预警危险或不幸事件即将发生。究竟是呼吸方式引起了压力反应，还是压力导致了浅呼吸，最后启动了"战斗或逃跑"反应？这是一个"先有鸡还是先有蛋"的问题。

如果你的想法改变了，呼吸习惯就会随之改变；同样，如果呼吸习惯得到改善，想法就会随之改变，大脑也就不会分泌引发应激反应的化学物质。

研究表明，在面对"威胁"的最初阶段（或在我们对威胁的感知阶段），随着体内应激激素的分泌，大脑清晰思考的能力大约会受损 90 秒。同时，大脑的"执行功能"或高级思维在此期间也会暂停工作。

如果我们在采取行动前稍作休息，大约 90 秒之后，扰乱我们正常思考的应激激素就会停止分泌。当你感受到威胁，或发现自己的愤怒情绪在不断累积时，使用这种"暂停"策略不失为一个好办法，在夫妻争吵或父母对待倔脾气小孩时，这个方法特别有用（在侏罗纪公园游玩时，可能没那么好用）。

大脑是家大药房

还记得我们之前说过，人的情绪主要受大脑边缘系统的调节，而边缘系统里有两个重要组织：下丘脑（脑垂体）和杏仁核。前者主要负责分泌激素，后者主要负责发现危险，发出警报。这就是一种身心连接，表明了人的情绪和精神状态会一直受到身体状态的影响。

另外，我们也可以来看看四种引发快乐和幸福感的神经化学物质及激素：多巴胺、血清素（5-羟色胺）、内啡肽和催产素。

多巴胺这种化学物质常被人们称为"快乐分子"或"奖赏激素"。当大脑想要获得奖励时，它会释放出多巴胺这一神经递质，我们就会去寻觅任何让自己高兴或渴望的东西；当我们的需求得到满足，体验到快乐后，大脑会分泌更多的多巴胺作为奖励，来加强这种行为和体验之间的联系。同时，多巴胺也能引导我们去实现自己的目标，从而提升幸福感。此外，它还可以通过动机—奖励—强化这条循环路线对情绪和快乐产生影响。

经常和多巴胺一起释放的还有血清素，又被称为5-羟色胺，人称"快乐激素"。如果我们怀有一颗感恩的心，感谢自己拥有的一切，我们大脑中血清素的含量就会增加，它可以改善我们的情绪（血清素水平过低与抑郁症有关），还可以帮助我们提高自尊水平和自信心，并且和褪黑素一起帮助我们改善睡眠状况。

如果你经常运动，你应该不会对内啡肽感到陌生。它是一种能缓解压力、抑制疼痛的激素。有人称它为"大脑内的天然吗啡"。因为我们大笑时会分泌这种物质，所以还有人称它为"笑声引发的化学物质"。

这三种"让人快乐"的神经化学物质都能提高我们的催产素水平，从而加深我们爱和被爱的感受，增强我们与他人的情感联系，提升我们的幸福感。

我该如何应对？

面对困难和挑战时，大部分人采取的措施都差不多。我们会试着找出问题所在，设法处理"压力源"，直到解决问题；或者，我们把压力水平降低到自己可接受的范围之内。心理学中的"应对"策略一般指的是人们为处理"有威胁"情境而采取的想法和行动。

应对策略可分为两种："问题中心"策略和"情绪中心"策略。控制感这一因素决定了我们会采用哪种策略。控制并不是什么坏事，我们在后文中会讲到这一点。控制感有利于我们的心理健康。如果感觉对现实没有任何掌控感，那么我们自然会感到失控。

问题中心应对策略

以问题为中心的应对策略是指针对问题，寻找解决方法。如果这条路行不通，那么我们可能就要改用情绪中心策略来应对压力，也就是在"认知"方面做改变。换句话说，我们需要改变内心的情绪（或感受），想办法去接受目前的"现实"，从而减少它对我们生活产生的负面影响。

问题中心应对策略通常适用的情况是：我们能够找到压力的根源，采取措施来解决问题。如果我们有能力改变外部情况，我们就有可能消灭压力源。我们会有意识地努力，尝试做一些事情去解决这个问题。

下面我们举例说明：

你为了给部门下订单，一天里常常要打好几个小时的电话，严重占用了你在其他工作方面的时间，所以你总是很晚才下班，还得搭晚班火车回家。工作压力让你觉得越来越疲惫，也对你的家庭生活产生了影响。

假如你可以为这项工作创建一个留言系统，在你拨打公司内部电话时（这种电话几乎马上可以接通）可以留言，请该部门的同事尽快给你回电话，讨论是否接受你的订单。这样你就拿回了一部分控制权，也会削弱压力源的威力。你夺回了"浪费"在打电话上的时间之后，晚上就不必加班，自然也就会摆脱它曾带给你的一系列后续问题。

情绪中心应对策略

以情绪为中心的应对策略，就是指从自己的思维入手，调节自己的感受，调整自己对当前情况的情绪反应。这种策略可能会让我们对自身的遭遇感觉好受一点，还会给我们一种能够更好地处理事情的感觉，当然，对提高我们的心理健康水平也是至关重要的。与此同时，由于这种策略能让我们头脑更清晰，也许它以后还能帮我们发现更多的以问题为中心的应对技巧。

想象一下，假如你上班的公司要搬到其他城市。为了不影响家庭的正常生活，你决定辞职。由于多年来你和同事之间合作愉快、相处融洽，已经建立起亲厚的友谊（这也是你在这里工作了这么多年的主要原因），要离开时你感到很难过。你需要时间来接受这一切，但这件事也促使你"重塑"自己的想法，回头抓住之前自己拒绝过的一些工作机会。

之前曾有不少人给你抛过橄榄枝，暗示你如果考虑离职的话，会邀请你去聊一聊其他工作机会。正因为发生了这件事，你才可能去捡起以前抛给你的橄榄枝，寻找更合适的工作机会。

你联系了几家公司，很快就拿下了一份新工作。新工作的待遇比之前的还要更好，出差时间也减少了一半，而且在这么短的时间内，你就已经就和新同事们相处得轻松愉快，对此你感到很开心。

在某种意义上来说，你可以将这种应对策略看成是治疗

"症状"，而不是去挖掘压力源下的潜在原因。既然我们改变不了环境，那我们就控制自己能控制的事情：我们对压力源的反应。许多心理学家在这一方面做了大量研究，研究结果一致表明，使用情绪中心策略的人心理韧性更好，抗压能力更强。

塞涅卡和爱比克泰德都常向学生言传身教怎样提前预想最坏的情况，也就是塞涅卡称之为预想最坏的情景①的练习，并让他们亲身感受这种练习带来的好处。两位斯多葛学派哲学家认为，这是一种强大的工具，可以操纵自己的心理意象，将挫折或不幸具象化，提前制定好防范措施，用最充分的准备，做最坏的打算。

一旦做好最坏的打算，对未来未知的恐惧就会降低，同时在必要时还会给我们提供一个"缓冲期"，来帮助我们减轻压力，度过困难时期。

　　想让一个人在危急关头保持冷静，就必须在危机来临前给他相应的训练。

——《塞涅卡道德书简：致鲁基里乌斯书信集》，
塞涅卡

———————

　　① 预想最坏的情景：通过预想可能的挑战和困难，一个人可以发展出更加平衡和理性的观点，并能在面临逆境时更好地应对。这种实践被视为一种培养内心平静和宁静感的方式，让人即使面对困难的情况也能保持平静。——译者注

改变意识是改善心理健康的第一步，之后我们就会认识到想法只是想法而已。**如果你想改变自己的人生，那请先改变你对自己说话的方式。**

有些事情我们无力改变，有些事情我们不能控制。这是我们下一章的中心思想。让我们一起期待下一章的内容：古代先贤如何应对压力。

喝咖啡，听故事

一名男子乘坐着热气球在空中盘旋。当他意识到自己迷路时，他的心理压力越来越大。

他开始降低气球高度，发现下方有个女人走过。他又下降了一点，向那个女人喊道："喂，你能帮我一下吗？我向一个朋友承诺，在两个小时之前就该和他见面，但我不知道我现在在哪里。"

女人抬头看着气球，向男人喊道："你在一个热气球里，在离地面约 40 英尺（1 英尺 =0.3048 米）的空中盘旋。你大约位于北纬 38 度到 46 度、西经 50 度到 54 度之间。"

"你肯定在信息技术部门工作。"男人回复道。

"对，我就是信息技术部门的。"女人回答说，"你是怎么知道的？"

"我告诉你吧，"男人说，"你刚才告诉我的全都是技术性知识，我不知道对我有什么帮助。事实上，我的情况并没有因此好到哪里去，因为我还是处于迷路状态。实话跟你说吧，你不但没帮上我一点儿忙，还耽误了我的行程。"

女人听了之后，回复他说："那你一定是管理层的。"

"巧了，我就是管理层的。"男人回答说，"你是怎么知道的？"

"很简单啊，"女人说，"你凭借着自己会吹嘘，升到了现在的位置。你不清楚自己的定位，也看不到前进的方向。你许下一个承诺，不知道如何兑现，却寄希望于你下面的人帮你解决问题。实际上，你现在的位置和你遇到我之前一模一样，没有丝毫移动，但不知道为什么，现在全都成了我的错。"

A ♥

第三章
古老的哲学流派：
斯多葛学派

塞涅卡、爱比克泰德、昆图斯·卡和马可·奥勒留这些哲学家会怎么说？

面对自身的不幸，不懂哲学的人归咎于他人，初学哲学的人引咎自责，而精通哲学的人则无所怨咎。

——《道德手册》，爱比克泰德

斯多葛学派对当今世界最重要的影响就是它对心理治疗的影响，它为最早的"认知疗法"——理性情绪行为疗法（REBT）的诞生奠定了基础。从根本上说，这一流派的哲学思想是在提醒我们，看待事情或问题的方式有些是有益无害的，有些则是有害无益的。

斯多葛学派的第一批代表人物生活在距今两千多年前的古希腊罗马时代。这一哲学流派始创于公元前 300 年，为如今我们说的"心理韧性"一词描绘了第一张蓝图。近几十年来，随着现代认知疗法（后文有详述）的发展和成就，这一学派的哲学思想重新得到大众的关注，日渐风行起来。

在跨越公元前后的时期里，斯多葛主义的三大代表人物横空出世，为这一流传千年的哲学思想做出了伟大的贡献。他们分别是：罗马帝国鼎盛时期（也是罗马五贤帝中的）最后一位皇帝马可·奥勒留、罗马政治家塞涅卡以及希腊哲学家爱比克泰德。

　　马可·奥勒留被誉为真正的"哲学王①"。塞涅卡是一位著名的剧作家，曾任元老院元老，后任罗马皇帝尼禄的顾问。而爱比克泰德出身奴隶，后遭放逐，最后成为一名传业授道的老师。尽管三人出身经历迥然不同，但他们的哲学倾向极其一致。在历史的长河中，大部分斯多葛思想家的哲学著作都随着罗马帝国的覆灭而丢失殆尽，只有他们三人的著作完整流传至今。他们当时都并非为了出版而写作，却在无意间为后世留下了传世佳作。

　　爱比克泰德的《论说集》（*Discourses*）收录了许多他对学生的教诲，读起来就像在接受心理咨询。塞涅卡的文章主要源自他写给学生鲁基里乌斯（Lucilius）写的信（《塞涅卡道德书简：致鲁基里乌斯书信集》），他在信中以哲学导师或心理治疗师的身份，与之探讨哲学、美德、死亡等各类主题。

　　马可·奥勒留在位期间，罗马帝国战乱不断，瘟疫、饥荒等大小灾难频发。在鞍马劳顿中，他抽空在日记中写下了自己对人生、世界的感受。这本日记就是我们今天所熟知的《沉思录》，原名《写给自己的书》。我们可以借此窥察他的心路历程，看看他怎样从斯多葛主义中探寻个人生活的真相、

---

　　①"哲学王"的愿景出自柏拉图，他认为社会的发展依赖于君主的人品和智慧，因此"除非哲学家们登上王位，或者那些号称自己是君主的人像真正的哲学家一样研究哲学，……否则国家是永无宁日的。"——译者注

在危难之际探索救国救民的济世之道。他在位晚期，安东尼瘟疫暴发，在公元 165 年到 180 年里，横扫整个罗马帝国，造成数百万人死亡，给奥勒留也带来了沉重的精神打击。

　　奥勒留早年拜读过爱比克泰德的《论说集》，对他钦佩有加。这本书也因而成了他的生活指南，对他的人生哲学产生了深刻的影响。为了呼应爱比克泰德教诲的主要思想，他写道：

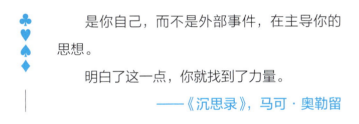

　　　　　　是你自己，而不是外部事件，在主导你的思想。
　　　　　　明白了这一点，你就找到了力量。
　　　　　　　　　　　　——《沉思录》，马可·奥勒留

　　几个世纪以来，西方国家的许多学者对三位先贤的哲学著作进行了长期而深入的研究。他们的思想对历史上许多思想家、作家、政治家、军事家、美国总统和企业家都产生了无与伦比的影响，而且随着斯多葛思潮的复兴，越来越多寻找日常生活哲学的现代人也深受其启发。但是在阅读过程中我们需要注意一点，在古代文本的译本中，一些词语的现代含义和它们当初的原意可能会略有不同。

　　正如我们所了解的那样，这三位古代先哲对人类和社会心理学抱有极大的兴趣。他们重视对心理健康的理解，提倡人应追寻内心与自然的和谐统一，这些观念在今天仍有高度的价值和现实指导意义。

他们认为，想要减少内心痛苦、增加日常幸福感，关键在于遵守三大信条：逻辑、接受和控制。

逻辑①是人之必需。有了逻辑，人们才能提高自我意识，才能识别自己是否有不合理或不现实的信念，因而引发了不必要的负面情绪。

要想过上美好生活，就要学会接受现实，认识到一生中人的运气总会有好有坏，同时也要努力去改变自己可以改变的事情和处境。

控制是逻辑和接受的基础。我们必须看清楚什么在自己的控制范围之内，而什么在自己的控制范围之外，并注意这两者之间有何区别。当我们看透了许多事情发生在我们的掌控之外时，我们就能获得内心的平静。只有认识到这一点，并对此释怀，我们才能活得淡定而从容。

他们教诲的目的清晰而明确：为了帮助人们找到通往幸福生活的道路。

三位哲学家们的思想都以一个事实为基础，即我们人类

---

① 据说，在亚里士多德时代还没有"逻辑"一词，只有"逻各斯"（意为世界中可理解的一切规律，也意指语言和理性）。到了罗马时代，斯多葛学派从"逻各斯"这个词中引出了"逻辑"（logic）。所以"逻辑"一词来自"逻各斯"。——译者注

都有一定的能力，可以改变自己的思维方式，从而改变自己的情绪感受。他们认为如果没有一门可应用于日常生活的哲学，那么人类行事就只会凭一时冲动或心血来潮，会犯下不少错误。

他们鼓励斯多葛主义的践行者花时间去思考人生中真正重要的是什么：是有"价值"的一生，还是有"钱"的一生？此外，他们还热心提醒人们，我们浪费时间去担心的许多事（现代社会中的"压力源"）其实没那么重要，只会引起我们不必要的负面情绪，何必多此一举去触发自己的"战斗或逃跑"反应呢？

令人拍案叫奇的是，千百年来人性几乎没有什么变化。古希腊罗马时期斯多葛学派用于获得内心"平静"的心理学主张，放到今天也依然适用。他们的思想给人以现代感和启发性，为我们的人生开辟了一条通往心理韧性、接受现状和"正念"①的道路。

在过去的几十年中，随着越来越多的人意识到生活需要一种方向感和目标性，人们发现可以用斯多葛哲学来"自助"，来应对当下的日常生活。

---

① 正念（mindfulness）源于佛教禅宗，1979年由美国医学博士卡巴金（Kabat-Zinn）将其与心理学结合，发展出一种心理疗法——正念减压（MBSR）。他给正念的定义是：用特殊的方式集中注意力，有意识地、不予评判地专注于当下。——译者注

古时候没有心理学家，也没有精神科医生，哲学家就被视为"人类灵魂的治疗师"。他们当时对如下主题展开探讨，所得出的哲理经得起时间的推敲，也不怕任何人的质疑：

怎样才能过上充实而幸福的生活？

怎样成为更好的自己？

身处逆境，该怎么做？

如何察觉自己的情绪？

如何提高自控能力？

经常有人把压抑情感的坚忍苦修（stoic）和斯多葛主义（Stoic）混为一谈。我们要注意分辨，斯多葛主义"Stoic"的S为大写，而坚忍苦修的"stoic"的s为小写。其实，古老的斯多葛主义与坚忍克己的观点背道而驰，斯多葛主义主张的是要完善自己的心理技巧，这样一来，我们从一开始就可以避免负面情绪的产生。

斯多葛主义谈"控制"

我们都知道思维决定着情绪。斯多葛学派的宗旨则更上一层楼：改变信念模式，借此避免负面想法的出现，这样的话，负面想法就不会进入身心连接里。如果负面情绪实在避无可避，他们就会用一些技巧来质疑自己的负面想法，从而打败负面情绪。

爱比克泰德说过，我们对自己的信念或判断有着绝对的控制权。但是爱比克泰德是何许人也，他又受到了哪些影响？获得了谁的启发呢？

爱比克泰德出生在大约公元 50 至 60 年尼禄皇帝统治时期的一个奴隶家庭。当时，罗马人会挑选最聪明的奴隶，加以培训，让其发挥自己的天赋，并安排他们担任教师[①]和行政人员的工作。

尼禄皇帝死后不久，爱比克泰德重获自由，他开办了一所哲学学校，最终成了当时首屈一指的斯多葛学派教师。他的斯多葛主义学校就相当于当时的医生咨询室。他所持的理念是，患者（学生）离开咨询室（教室）时应该感觉很糟糕，而不应该感觉良好。这句话该怎么理解呢？他觉得，给任何患者的治疗，在治愈他们的同时可能也会给他们带来某种不适。

他的思想很明确：哲学的主要任务应该是探讨生活的艺术，而理想的学生则是追求"内心平静，远离纷扰"的人。

爱比克泰德本身没有著作，他的思想得以传世，要感谢

---

① 在古罗马社会，教师这一职业最初是从奴隶制的教仆制度发展而来的，即从奴隶中挑选有才智者充当家庭教仆。后来当罗马教育制度从家庭化走向社会化，教师的职业地位和社会认可度均有所提高。——译者注

他的学生亚利安（Arriam）。他将老师在课堂上的许多言谈一一记录下来，并汇集整理成为《道德手册》（*Enchiridion*）。这本手册教导我们，我们也许永远无法控制什么事情会发生在自己身上（外部世界），但我们能控制自己的健康和幸福（内部世界）。

幸运的是，塞涅卡一生著作颇丰。他写下不少随笔，还给鲁基里乌斯写了许多论道信函（《塞涅卡道德书简：致鲁基里乌斯书信集》），因此他留存下来的文字比另两位斯多葛哲人加在一起都要多。

塞涅卡一生中大部分时间都享尽了荣华富贵①。追求财富其实和斯多葛学派思想并不冲突，因为斯多葛主义者认为，享受生活中的美好事物并没有什么错，重要的是要注意自己为人处世的方式，还有，一旦沧海变桑田，富贵如云烟，也要学会接受，并随时做好舍弃身外之物的准备。

在公元 1 世纪时期，塞涅卡是一名成功的悲剧作家，也是罗马帝国元老院的一名成员，随后更是成了尼禄皇帝的导师和顾问（但尼禄皇帝似乎并不是什么为员工谋"幸福"的好老板，因为他于公元 65 年下旨处死了塞涅卡）。

人不能控制过去，也不能控制将来。塞涅卡曾这样说过：

---

① 塞涅卡一生大起大落，他出身优渥，但因遭人冤枉而被没收所有财产，被放逐至荒岛 8 年之久。他的大部分思考和信件就是在放逐期间完成的。之后他又被召回宫廷再次大富大贵，最后还是被尼禄下令处死。——译者注

回忆过去的痛苦和害怕将来的痛苦，这两种心态我们必须彻底摈弃；过去的痛苦与我再无相干，而将来的痛苦与我尚未有关。

——《塞涅卡道德书简：致鲁基里乌斯书信集》，
塞涅卡

现在，即此时此刻，也是我们无法控制的，因为我们正活在现在。塞涅卡认为，如果一味追悔过去，担忧未来，不满现在，我们就是在浪费时间，虚度光阴。因为我们真正拥有的只有此时，我们正在忍受的也是此刻，如果我们总是一厢情愿地想着"如果当初"，想着会有怎样不同的可能性，我们就是在枉费当下的时光。而且，这种想法还会让我们对现状心生不满，心有不甘。

长此以往，我们的一生注定会愤愤不平，耿耿于怀，最后可能落得个怀忧丧志的下场。这三位斯多葛哲学家都说过，"如果当初……，现在的日子可能会更好、更顺心遂意"的想法其实是一种徒劳无益的想法，解决不了任何实际问题，只会让我们觉得当下的时光刻刻难挨。

他们三位最喜欢引用一个词是"memento mori"，意为"记住你终有一死"，旨在提醒人们，每天都是一份礼物，我们要活在当下，不要把时间浪费在无关紧要的琐事上。生活总要有所意义，也要有一丝紧迫感。

> 时间是我们最有价值的财产。
> ——《塞涅卡道德书简：致鲁基里乌斯书信集》，
> 塞涅卡

斯多葛学派的哲学家们发现了，在我们大脑后台运作的内在叙事是我们一切所想、所感、所说、所做的根源所在。他们也非常清楚，我们使用的词语具有巨大的威力，可以唤起一种情绪状态，进而会引发某种特定行为。更重要的是，他们还认识到，我们内心对话和日常用语（言语）都具有这种威力。

我们可以用以下两大研究领域来总结斯多葛学派的基本原理：

（1）第一条基本原理

分清楚什么是我们能控制的，什么是我们控制不了的。

爱比克泰德在《道德手册》开篇第一句就说道："世间之事，有些由我们决定，有些则不由我们做主。"这一哲理看似简单，其实是公认的斯多葛学派现存卷宗中最重要、寓意也最为深远的一句至理名言。

> 人生的主要任务很简单：将事情分门别类，这样我就能清楚地告诉自己，哪些是我无法控制的外部因素，哪些是我能控制的人生选择。
> ——《道德手册》，爱比克泰德

爱比克泰德使用"外部因素"一词，意思是外部世界并没有"让"你产生这样那样的情绪感受。我们要明白，其实是我们自己的思考方式决定了我们的情绪感受，继而决定了我们的行为方式。

我们的头脑产生了对人生际遇的各种想法和解读，继而决定了我们内心的情绪状态。

斯多葛学派的主要思想是，我们应该关注自己可以控制的事情，其他事情就顺其自然，用平常心来对待。把时间耗在不可控的事情，并为此苦心焦思，其实就是竹篮打水的行为，注定白费功夫。在追求"心静"的道路上，我们必须认识到有些事情不是自己能控制的，学会坦然接受这一点，然后以此为准，好好生活。

他们认为自然①并非全好或全坏，因此每个人的运气也都会有好有坏。身处逆境时，心理韧性才是应对困难的关键所在。当然，遗传因素在其中也有一定影响。有人曾说过，心理韧性最强的人，其人生历程中一定会包含以下几个因素：有韧性的父母、安全舒适的童年、经济基础好、受教育程度高，还曾在逆境中付出过一定代价。如此，他最终才能学会

_____

① 斯多葛哲学家将"自然"的概念范围加以扩展，认为其既包括有形的宇宙，也包括无形的东西，比如把世界维系在一起的东西、万物生长的原因等，可以说是直指世界的本性，即"逻各斯""正确理性"，认为"自然"是主宰一切因果的天命一般的存在。——译者注

视困难为挑战。

所以，在我们所处的每一种境况中都有一个可控因素，就是我们如何去评价当前的情况，以及我们决定做出什么反应。

为此，斯多葛哲学家认为，面对困境时，世界上有三种心态完全不同的人：一种人为此烦恼；一种人无动于衷或没心没肺；还有一种人会因为有挑战而暗自高兴。

（2）第二条基本原理

意识到是我们的思维决定了我们对事情的看法（也决定了我们随后的行为方式）。

困扰人们的不是事情本身，而是他们对事情的看法。

——《道德手册》，爱比克泰德

这是爱比克泰德（图 3-1）说的另一句经典名言，跨越千年，启发阿尔伯特·埃利斯提出了理性情绪行为疗法（REBT），成了认知疗法的开端。

该疗法的前提假设为：心理健康的决定因素不是人生中的困难挫折，而是我们对困难挫折的解读或评价。

换句话说，我们看到的任何事情本身都不具有任何意义，是我们对事情的评价让其有了好坏之分。这不禁让人想起了

图 3-1　爱比克泰德

莎士比亚（他应该是后世受斯多葛哲学思想影响最大的文学家之一）为哈姆雷特写的一句台词："世事本无善恶之分，思想使然。"

　　火车车厢里的广播太大声了吗？你为此生气，并开始抱怨政府在取消铁路公司特许经营权后新设立的铁路管理模式根本不行。

　　你感受到的情绪都是"内部因素"，是你自己创造出来的刺激物，太吵的广播声音，都是"外部因素"，你对此的评价产生了你的情绪感受。马可·奥勒留曾说过：

 铲除评价和看法后，伤害也随之消失了。

——《沉思录》，马可·奥勒留

斯多葛学派的基本准则是：事情和他人不会让我们感到困扰或不安，是我们对事对人的看法，也就是说我们自己的观点或信念，决定了什么会给我们的生活带来困扰。

对于拥有与生俱来的思维习惯的人来说，这一观点似乎有违直觉，让我们一时难以接受。然而，我们每个人的信念和态度都是成分复杂的混合体，其中融合了各人的经历、观察、假设、他人告诉我们的道理，以及许多其他的影响。

如果你学会接受生活中发生的事情，而不是坚持认为事情应该有所不同，那么你就不会把大把的宝贵时间浪费在焦虑和沮丧之上。

斯多葛哲学家非常清楚保持心理健康良好的重要性，他们鼓励人们用一定程度的自我意识来管理自己的情绪，在与他人打交道时也应如此。这和我们现在说的"情商"不谋而合，因而他们有可能是第一批倡导"情商"的人。

在两千多年前的古希腊罗马时代，人们的命运有着太多不可预见性，旦夕祸福，风云不测，所以斯多葛哲学家们才会寻找可以应对意外和灾害的方法。他们发现，只要关注和控制好自己对事物的感知，我们就等于掌握了一项利器，可以帮助自己应对任何情况。

认清楚什么在自己能改变的范围之内，而什么在此范围之外，是斯多葛哲学的思想基石。换句话说，就是：**接受你无法改变的事，努力去改变你能改变的事**。这与当代英文俗语中"不要为小事伤脑"（don't sweat the small stuff）的意思不谋而合。

他们提醒我们，有件事情是我们可以控制的，应该予以重点关注，那就是我们的想法。同时，他们指出，在很大程度上，我们赋予事件的意义（我们的态度和信念），而不是事件本身，决定着我们对该事件的想法和反应。态度和信念的重要性由此可见一斑。

他们说的这些道理，我们不但凭直觉可以领会，而且还经过了现代实证研究一次又一次的证实。我们的想法才是引发我们行为的直接原因。我们只要转变自己的思维，就能改善自己的情绪感受，从而改变自己的行为行动，最终改变我们的人生。

斯多葛学派是一门非常实用的人生哲学，对日常生活实践具有高度指导意义。爱比克泰德常劝诫自己的学生：

如果你们学了这些哲理，不把它们展示①或运用到实践中去，那你们学这些又有什么用呢？

　　　　　　　　　　　——《道德手册》，爱比克泰德

　　两千多年后的今天，我们仍在寻找指引我们在人生路上前行的指路明灯。不管贫穷还是富有，成功还是失败，每个人都需要引领自己前行的那一束光。

从古代哲学思想到现代心理治疗

　　20世纪50年代，一位心理学家提出了一个理论体系，引起了心理学界的震荡，改变了许多人的生活轨迹，他就是位于纽约市的精神分析②师阿尔伯特·埃利斯博士。他在临床咨询中逐渐背离了精神分析的观点，最终与之分道扬镳，创立了自己的临床疗法，并将此疗法命名为"理性情绪行为疗

_____

　　① 爱比克泰德认为要向奥林匹克运动员学习"实践优于理论"的精神。运动员不会用理论来论述自己的能力，而是通过在赛场上的表现和展示来证实自己的能力，因此他劝诫学生不能一味只讨论理论，学习了理论之后要在生活实践中运用理论来改变自己。——译者注

　　② 精神分析，也称心理动力学，为弗洛伊德所创，是心理学主要流派之一。——译者注

法"，"认知疗法"的第一种形式由此诞生，引发了心理治疗界格局的重大转变。

现代心理疗法的发展和成就，很大一部分要归功于古老的斯多葛学派思想传承。埃利斯的理性情绪行为疗法就源自这门哲学，并为这种新型思维方式在当代社会的传播和普及提供了有力的理论支撑。

它为心理学发展史上的一次重大革命[1]铺平了道路，让全世界都能接受和认可各种不同形式的"认知疗法"，其中最有名（也可能是最有效）的一种疗法是以实证研究为基础的认知行为疗法（CBT），它改变了全世界数百万人的人生。

在对爱比克泰德的理论进行了深入研究之后，埃利斯重点指出，人们因"逆境"而产生的困扰其实来自两个方面：一是我们所在的逆境，二是我们自我对话中有关逆境的内容。如果困扰只来自困难或逆境本身，那么有同样经历的人都会有同样的感受，做出同样的行为。他让我们意识到，每个人是怎样构建出不同现实的。

他将那些给人带来负面情绪的事件定义为负性生活事件（negative events），这些事件会让人感到不适，并开启自己的"扭曲思维"模式。所以，如何解释和应对这些事情的控制权

---

[1] 心理学发展史上有三次重大革命：第一次是行为主义革命，第二次是认知革命，第三次是人本主义革命。本文中此处应指第二次革命，即认知心理学的崛起。——译者注

在我们自己的手中。

他想让我们明白一个重要的道理：过去是不可能改变的（这是对弗洛伊德所有理念的公然反对[1]），但是我们可以改变我们今天的思维方式、情绪感受和行为方式。

收回控制权

正如前文所说，控制是斯多葛哲学家的三大信条之一。他们花费了大量时间观察人们的心理状态，得出了不少结论并致力于将之发扬光大，其中一条结论就是：我们应该承认所有的情绪都来自我们的内心，是我们对自己说的话产生了情绪。因此，我们对自己怎样解释和处理当前情况是拥有控制权的。

他们阐述了这样一个基本观点：我们的想法其实是我们痛苦的根源所在，而想法是可控的，所以痛苦在某种程度上也是可控的。

那么，哪些是可控的？哪些又是不可控的呢？爱比克泰德教我们这样分辨：

---

[1] 弗洛伊德认为过去的经历对我们现在的状态有着深刻影响。人的现在是由过去决定的，不改变过去，就无法改变现在。——译者注

> 可控的是观点、追求、愿望、厌恶等一切可以概括为我们自身行为之事。
>
> 不可控的是身体、财物、声誉、命令等一切可以概括为不是我们自身行为之事。
>
> ——《道德手册》，爱比克泰德

所以，如果事与愿违，我们应该调整好心态，以一种更健康的方式来妥善处理问题。我们今天说的"压力管理①"技术，斯多葛哲学家们早在两千年前就对此有所领悟，他们还省悟到我们的压力和焦虑有多少是自己给自己施加的。他们教义的主旨很简单：我们必须改变自己，不要试图去改变世界，因为后者只是徒劳的妄想而已。追求一些自己无法直接驾驭的事物是要付出代价的。我们需要调整自己，也就是说，认清楚哪些事情是不可控的，然后做好心理准备去接受，以免在日常生活中产生不满情绪。

比方说，塞涅卡强烈主张要改变我们的观点（我们给自己讲的故事），让自己的人生轨迹与人生目标及志向抱负更加协调一致。如果我们对他人的观点言听计从，受社会舆论的裹挟，让他们来决定我们能做些什么，那我们就只能随波逐

---

① 心理学中常用"应激"来代替"压力"，所以其心理学术语为"应激管理"，指个体应用一定技术应对应激事件，从而减轻或消除应激经历可能带来的负面影响的行为。——译者注

流、得过且过，不敢承担一定的风险去追求自己的梦想。他认为，人能否老而不衰，责任完全在于个人，因为人的生命是有限的，所以应该趁自己还有能力的时候，去做自己想做的事情。

塞涅卡一再指出，因为时间是"看不见"的，所以它的价值没有得到我们的充分关注，因此我们经常浪费时间，然后又为此懊悔莫及。为此，他写了好几篇文章来论述这个问题，这些文章后被收录整理成一本文集，名为《论生命之短暂》（ *De Brevitate Vitae* ）。

衰老是一种无法治愈的疾病。

——《塞涅卡道德书简：致鲁基里乌斯书信集》，
塞涅卡

这让我想起了美国流行歌手及女演员雪儿（Cher）2019年在伦敦 O2 体育馆举办的那场演唱会"再次出发"（Here We Go Again）。十五年前，雪儿曾正式告别歌坛。2019 年，雪儿战胜了自己对再次巡演的恐惧和疑虑，决定再次举办世界巡回演唱会，重新回到自己从事了六十年的演艺事业。当她再次出现在伦敦体育馆中，现场的两万名观众感觉时光倒流，经典再现。在演唱会上，她告诉观众："我还穿得下所有的旧演出服。"

尽管年岁增长，但她的幽默感却没有减少半分。她继续说道："当我说出自己的年龄时，每个人拍手称赞，但我一点儿也不喜欢这样。我想知道掌声究竟为何而响，是因为'我还活着'，还是因为'我还穿得进演出服'？"

最后，她以一句精彩的台词结束了演唱会开场白："在演出开始之前，我还有一句话要说：我今年 73 岁，你们的奶奶今晚在做什么？！"

什么是我们可控的?

斯多葛哲学家指出，在某些情况下，当我们追求自己无法直接掌控的事物时，有时候会有吉星高照，让我们如愿以偿。这一切看上去好像很不错。

但这样做有什么代价吗？斯多葛学派认为有。每当我们想要一件"去留不由我们决定"的东西时，我们会为此焦虑，为此难受。这是因为我们在担心自己可能得不到它。

哪怕最终我们得到自己想要的东西，这一结果也会打乱我们内心的平静。斯多葛哲学家认为，不管是得偿所愿还是未能如愿，我们都会付出相应的代价，两种情况都不利于我们的心理健康：

如果未能如愿，我们就会灰心丧气，大失所望。

同样，如果我们得偿所愿，在追求它的过程中，我们也免不了会感到焦虑不安。

> 如果我们去追求那些不由自己掌控的事物而未能如愿到手时，我们就会有挫败感，会痛苦沮丧，会责怪众神，也会迁怒他人。
> ——《道德手册》，爱比克泰德

用现在的话来说，这是一个"没有赢家"（no-win）的局面。

爱比克泰德认为什么在我们的掌控之下呢？他曾说过，我们应该努力达到"心灵自由、安宁、冷静"的境界。为此，我们必须改变自己，而不是妄想去改变世界。如果我们放弃对不可控事物的渴望，那么我们素日里的不满情绪就会大大减少，事情不如意时也不至于太失望。

> 你会变得无敌：如果你拒绝参加自己可能输掉的比赛，你就永远不会被打败。
> ——《道德手册》，爱比克泰德

那么，我们可以自己决定的，而且有绝对控制权的东西有哪些呢？他说，我们可以完全控制自己的观念、冲动、欲望和厌恶。如果我们拥有健康的心理，我们就可以建立积极的人际关系，接受生活发的每一张牌，应对每日的挑战，还可以充分发挥自己的才能和潜力。

要实现这一点，关键在于我们的"思维方式"。我们都有过功能不良的或非理性的思维方式。认知心理治疗师已经确认了几种最常见的不合理思维方式，我们将在下一章中一一介绍。

现代科研人员在研究压力和焦虑的过程中发现，心理控制感（或缺乏控制感）是造成压力情境的根本原因之一。由此可见，斯多葛哲学家的真知灼见超越了那个时代，在今天依然具有强大的活力。

他们认为，我们无法完全控制外部环境，比如，我们的声誉、境况、生活中的"种种困难"以及别人对待我们的方式。

他们教导我们要把精力放在可控的事情上。如果你学会接受生活中发生的事情，而不是坚持认为事情应该有所不同，你就不会浪费太多宝贵时间在焦虑和沮丧的情绪中。我们都会制订计划，但是计划总会被现实打乱，因为生活永远有它自己的安排。

当然，人类生来就喜欢追求物质上的满足。不管拥有多少，我们总是想要更多，而且每次都争取要更大、更亮、更好的东西，直到下一个诱惑出现在我们眼前。对于斯多葛哲学家来说，淡泊钱财更有价值。这是一种心态上的转变。

一个安于自己的微薄收入，并用少量金钱就能让自己过得富足的人，才是真正富有的人。
——《塞涅卡道德书简：致鲁基里乌斯书信集》，
塞涅卡

想要过压力小的生活不是什么坏事。不是每个人都想活得太用力，比如，不得不在一个岗位上待太长时间，工作时间越来越长，无法追加财务投资。

人生总是有取有舍，有舍才有得，这可能和你的个人价值观不一致。但你最终会发现，另一种看待事情的方式也会给你带来同样的满足感或惬意感，而且个人需要付出的代价要小得多。

喝咖啡，听故事

一位投资银行家正在希腊的一座岛上度假。有一天，他看到一条小船慢慢靠岸，渔夫带着打捞上来的鱼下了船。银行家问渔夫花了多长时间才捕到这些鱼。

渔夫回答说："哦，不长，就一会儿。"

银行家随即问他为什么不在海上多待一段时间，抓更多的鱼。

渔夫说，他把这些鱼卖了，赚的钱已经够他们一家今天的开销了。

银行家又问："那你其他时间都做些什么？"

渔夫回答："我一般睡到自然醒，然后出海钓一会儿鱼，接着和孩子们玩一会儿，睡个午觉，晚上再和我老婆去村子里的小酒馆喝上几杯。日子都过得充实又忙碌。"

银行家摇摇头说："我的工作是给客户提供建议，教他们如何把生意做大做强。如果你花更多的时间捕鱼，就可以用卖鱼的收入买一艘更大的船。在大船上你捕的鱼也更多，收入上来了之后你就能买好几艘船，用不了多久你就能拥有一队渔船。当你捕鱼的收获量达到一定规模之后，你就可以把鱼直接卖给加工厂，最后你还可以自己开一家罐头厂。当然，到时候你得离开这个小岛，搬到大城市里去。"

渔夫问："离开小岛？你说的这些要花多长时间才能做到？"

银行家回答："可能十年左右吧，如果一切顺利的话。"

"十年？！接下来呢？"渔夫回答说。

"接下来最好的事情就来了，"银行家说，"如果时机成熟，你可以让公司上市，然后向公众出售公司股票，狠狠赚上几百万美元。"

"赚几百万美元。然后呢？"

银行家回答说："然后？然后你就一生无忧了。你可以退休，搬到一座小岛上，每天睡到自然醒，出海钓钓鱼，和孩子玩一会儿，睡个午觉，晚上和老婆去村子里的小酒馆喝上几杯。"

渔夫："我现在就过着这样的生活呀！"

A
♥

第四章
就像 ABC 一样简单

从古代哲学思想到现代心理学

人生最好的时光就是当你认清，你所有的问题都是由你而生，你不会迁怒于你的母亲，不会怪罪整个大环境，也不会归咎于国家总统。你意识到，只有你才是自己命运的主人。

——阿尔伯特·埃利斯

阿尔伯特·埃利斯在心理治疗和咨询领域的影响力至今无人能及，甚至连弗洛伊德都比不上他。埃利斯一生醉心实践研究，获奖无数，在 2003 年美国心理学会①调查的"史上最具影响力心理学家"排行榜中，他高居第二，仅次于卡尔·罗杰斯②（Carl Rogers）（弗洛伊德位居第三）。他开创的治疗体系帮助了数百万的普通人过上了更好的生活。

1955 年，埃利斯创建了一套适用范围极广、实用性极强的心理治疗方法。这套方法不关注来访者的过去，而是关注他们的现在。他的这套理性情绪行为疗法中所蕴含的理论思想迅速深入渗透和影响了认知心理学、心理治疗与咨询以及主流心理学的其他领域。

———————

① 美国心理学会（American Psychological Association，APA）成立于1892年，是美国最权威的心理学学术组织、国际心理科学联合会的主要成员、全球规模最大的心理学组织。——译者注

② 卡尔·罗杰斯（1902—1987）：美国著名的心理学家、心理治疗师和教育家，人本主义心理学创始人之一。1947年当选为美国心理学会主席，1956年获美国心理学会颁发的杰出科学贡献奖。他主张心理治疗应"以人为中心"，首创非指导性治疗（以来访者为中心治疗），强调人具备自我调整和恢复心理健康的能力。此外，他的"以学生为中心"和"非指导性教学"等教育理念对教育产生了深刻的影响。——译者注

埃利斯的创新理论给心理治疗界带来了巨大冲击，标志着一股新势力即将在西方心理学界中冉冉升起。他对弗洛伊德的精神分析技术持批判态度。

弗洛伊德派的咨询师总是听得太多，说服的话讲得太少。

——《今日心理学》（*Psychology Today*），
埃利斯

在弗洛伊德的精神分析疗法中，来访者处于被动地位，咨询者深度挖掘来访者的过去，从中分析造成来访者困扰的原因。但是这种疗法有一个不足之处，就是咨询师没有注重帮助来访者去改变。这种旧式的治疗方法只关注来访者的童年经历，忽略了人们当下"认知"的作用。

与之相反的是，埃利斯治疗方法的基础是帮助人们理解一点：我们无法改变过去，但是我们能改变我们目前的所思所想，从而改变我们当前的所感所为。重要的是我们要克服现在所面临的困难，而不是去解决过去的问题。我们的"痛苦"就发生在当下。现在发给我们的"烂牌"给我们的现在带来了问题和压力。

你有什么想法，就会有什么感受

埃利斯发现，大部分人的生活都不怎么如意，大多数时间里都有这样或那样的心理困扰。他会向来访者说明，是他们自己的生活理念让自己陷入苦闷之中。每个人的一生难免都会经历一些痛苦挣扎，明白了这一点，人们不需要药物治疗，也能改善自己的生活质量。他表示，改变的契机在于转换自己的思维方式，采用一种健康的思考方式。他是这样说的："你有什么样的想法，就会产生什么样的感受。"

不管我们遇到什么情况或碰见什么麻烦，我们每个人都会有自己的一套看待问题的方式，有些方式有益，而有些无益。埃利斯在其咨询室、讲座和心理工作坊中都向众人讲述了一个简单明了的道理，那就是我们给自己讲的故事引发了我们的情绪感受。我们要修正和质疑那些无益的思维方式，因为正是这些思维方式唤起了我们的负面思维。我们有思考分析的能力，也有对自己的思维方式进行思考和剖析的能力。

在从事心理咨询和治疗一段时间以后，埃利斯对患者在心理咨询中的进展越来越不满意，他开始返回阅读爱比克泰德的古代哲学思想。这位先哲对斯多葛学派哲学的传播和推广起到了至关重要的作用，也给予埃利斯以启发。他想要唤醒大众的意识，让大家认识到困扰我们的其实是我们选择的看待事情的方式。

我们在第三章中介绍过，斯多葛主义是两千多年前的一个哲学流派，对我们 21 世纪的生活仍然具有高度现实指导意义，特别是当我们在生活的泥潭中摸爬滚打，挣扎着寻找出路的时候。我们该如何过好这一生？我们要如何应对生活扔给我们的困难与挫折？

这些人生的困惑都很难解答，但是斯多葛学派"开发"了一套"个人操作系统"。这是一套道德价值观，每个人每一天都能以此作为自己的生活指南，哪怕生活中充满着不可避免的不确定性。尽管每个人都承担着各式各样的压力，但是我们都能过上美好的生活。

埃利斯发现，现代社会的生活与古代仍有不少相似之处，他表示，促使我们产生这样的感觉、做出这样行为的，不是外部环境或他人，而是我们自己对当前情况的信念和态度，也即我们自己的言语和想法。

斯多葛的哲学理念，结合我们对"ABC"理论模型（由埃利斯创建，可在日常生活中使用）的认识和内化，可以很好地促进我们的心理健康，并彻底改变我们的生活状态。埃利斯开创的理性情绪行为疗法是世界上第一种"认知疗法"。它既是一种心理疗法，也是一种哲学思想。

认知行为疗法的诞生

埃利斯的治疗理念逐渐成为一种主流心理治疗工具，引领了"认知疗法"的兴起，并推动了认知行为疗法的后续发展。认知行为疗法由阿伦·贝克（Aaron Beck）于 20 世纪 60 年代首次提出，是目前世界上最广为人知且应用最广泛的心理疗法之一。

如今，这些认知疗法已成为世界各地心理咨询师最常用的治疗方法，用来帮助来访者解决不同的心理问题。

埃利斯治疗体系的核心理论是情绪 ABC 模型（图 4-1）。该模型向我们展示了，我们都有能力引发自己的消极或积极情绪。是我们自己的信念决定了我们对生活中事件或情况的情绪和行为反应。

图 4-1　ABC 理论模型

在这个模型中，A 代表着一种日常生活情境，即"刺激"（activator）或"诱发性事件"，后来也有从业者称之为"逆境"，它是我们情绪产生之前发生的事情。埃利斯认为，每一种生活情境都可以由 A 开始。想象一下，你想要考取一门职业资格证书，来提升自己的专业能力和职场竞争力，但是你有一门考试没有通过。这里的诱发性事件就是你没有通过一门考试。

模型中的 B 指的是你遇到诱发性事件后相应而生的信念（belief）（即你的想法），是我们对诱发性事件的解读，也是我们给自己讲的故事。当你有一门考试没过，你可能会认为自己不是这块料，不适合继续考证，这体现了你的思维过程。

然后就引出了 C，结果（consequences），即由此产生的情绪和行为后果，也就是我们的感受以及接下来的反应。你可能会灰心丧气，告诉上司你决定不再继续学习这门课程，因而会错失不少职业发展的机会。

埃利斯的观点与他的灵感之源——斯多葛学派的思想是基本一致的，他想向世人解释，引起情绪和行为后果 C 的直接原因不是诱发性事件 A，而是个体对事件 A 的认知和评价所产生的信念 B。因此他搭建了一个模型来说明信念是情绪和行为反应的直接原因。这个模型的灵感来自爱比克泰德的一句名言，也是埃利斯最为感同身受的一句名言。

困扰人们的不是事情本身，而是他们对事情的看法。

——《道德手册》，爱比克泰德

非理性信念

埃利斯的不少来访者都反映说，ABC 疗法直截了当，让人难忘，让他们能更好地理解激发他们情绪及随后行为的到底是什么。它提供了一个清晰的框架，将思维内部过程分成几个环节，让大家看清楚：信念（而不是诱发性事件）才是引发我们情绪和行为反应的直接原因。

该理论模型的厉害之处在于解开了一个具有代表性的症结，人们本能地将情绪和行为后果（C）归咎于诱发事件（A），殊不知信念（B）才是真正的罪魁祸首。很多信念都是不合理的，因而会让我们感到悲伤、愤怒、焦虑或抑郁，然后导致我们做出一些阻碍个人发展的行为。

所以他创建理性情绪行为疗法的目的在于帮助人们在不同情况下分析自己的非理性思维，从而让自己的思维方式变得更合理、更理性。

埃利斯的成就在心理学界及心理治疗领域具有开创性、奠基性的意义。他和爱比克泰德的理念也得到了现代研究的证实。他是第一位提出人们应该对自己平日里的负面情绪和痛苦负主要责任的心理学家。不幸也好，痛苦也罢，其实都是由人们自己对某一特殊经历的信念（或想法）而造成的。

埃利斯想让人们意识到，我们内心的困扰来自我们选择看待事情的方式。他为自己的治疗法构建了一个充满哲理的理论模型，然后用实践证明了这种治疗方式科学可靠且效果显著。

他向我们展示了，有多少情绪和行为问题其实来自我们对自己所遇情况的不现实甚至扭曲的信念，或者来自我们觉得别人应该如何对待我们的想法。他从古老的智慧中获得灵感，告诉我们，在现代社会的日常生活中，让我们产生这样的感受和反应的，其实并不是事件或者他人，而是我们对事情的思考方式。

接下来，假设你在别人的劝说下同意加入一个合唱班。我们以此为例，来进行具体说明。

想法（你的信念）："我觉得我的声音不如合唱班里其他人的好听。"

情绪（你的感受）："我感到焦虑不安，觉得很丢脸。"

行为（在该情况下你有什么行为和动作）："我会坐在教室的后面，远离老师，这样老师就听不到我的声音。"

可以看出，你当时的想法影响了当时的情绪和行为方式。不过，重要的是要记住，想法、情绪和行为之间是彼此依存、相互影响的关系。情绪（从想法中诞生）对想法也有影响，它们彼此强化，形成了一个增强回路①。

　　遇到任何事情或问题，我们每个人都有自己不同的看待方式，有些有益，有些无益。身处逆境时，我们只有转变固有思维，灵活思考，才能将心态调整好，将不健康的负面情绪调整成建设型愤怒②等更"健康"的负面情绪。

　　关键的一点是，我们要意识到，引发负面情绪的消极想法不是生活中常见的小问题。我们无法积极采取措施改善环境的时候，我们因所遇之事不可控而陷入负面情绪中不能自拔最终痛苦不堪的时候，就是困难来临之际。

　　埃利斯说过，当我们身处逆境、心有困扰时，我们给自己讲的关于逆境的故事决定了我们的感受（你应该还记得，在第一讲中我们讨论过我们给自己讲的故事）。如果让我们困扰的是逆境的话，那么所有经历过相同处境的人都会产生同样的感受，也会有同样的行为。我们会将什么样的情况视为逆境，每个人都有自己的主观看法。

　　我记得作家詹姆斯·艾吉（James Agee）写过的一件事。

---

　　① 增强回路（或强化循环体）是指原因增强结果，结果反过来又增强原因，形成回路，一圈一圈循环增强。增强回路分为正向回路和负向回路。正向回路会让局势越来越好；负向回路会让局势越来越差。——译者注

　　② 建设型愤怒：有效地表达自己的负面情绪，同时不伤害自己或他人的情感。——译者注

大萧条① 时期，他在美国遇见一位老太太。老太太住在一个小棚屋里。棚屋里的地面是泥土地，既没有暖气，也没有安装给水和排水管道。艾吉问她："如果有人给你一些钱来帮助你，你会用这些钱做些什么？"老太太想了一会儿后回答说："我可能会把钱给穷人。"

所以，想法引发情绪，情绪引发行为。你的负面情绪影响着你的思维和行为方式，而你的一些行为方式也会给你的思维和情绪带来不好的影响，久而久之，就形成了一个恶性循环，需要我们主动去打破。

无论在哪个领域，我们只要遇到失败，就会产生后悔、烦恼和悲伤之类的感觉。这些情绪都可以被归类为健康的负面情绪，因为没有这些情绪，我们就无法生存。

埃利斯坦诚地说过，想要完全摆脱非理性思维其实是不可能的（将在第五章中详述），但只要我们能减少非理性思维出现的频率、强度和持续时间，我们的生活就会发生不可思议的变化。

我们在前文中说过，埃利斯开创的理性情绪行为疗法的核心是其情绪 ABC 模型。这个模型是一个强大的工具、一种日常的"个人操作系统"，可以指导我们怎样更好地度过一

---

① 指 1929—1933 年，发源于美国，后波及整个资本主义世界的经济危机。——编者注

生。它能让我们在某一刻察觉到自己当下的想法，几乎就像一种法术——"炼金术"。大家对"炼金术"这个词应该都很熟悉，这种法术可以把价值较低的物质变成价值较高的物质，比如，把铅变成黄金就是一种常见的炼金术。

如果我们通过改变自己的想法和信念来改变自己的意识，从而改变我们的内在状态，进一步改变我们的观点以及随后的行为，那么我们就展示了一种炼金术。我们可以点石成金，化腐为奇，"见证奇迹的时刻"就来临了。

要求还是"愿望"？

我们都有这种法力，可以重构自己的想法，改变我们的情绪，然后事情就会有所不同。所有的这一切都是用语言来实现的。

埃利斯说，绝大多数人都有一种倾向，认为发生在自己身上的事情（或者别人对待我们的方式）就是引发我们情绪的原因。这样一来，只要我们产生愤怒、焦虑、抑郁等感觉，我们就责怪他人或环境，将它们当成负面情绪的根源。其实，美好生活的关键在于接受现实，无论是好是坏，我们都应坦然面对。只有这样，我们才能保持健康情绪。学会接纳，从接纳以下三点开始。

无条件地接纳自己：我们要原谅自己的不完美。我们可以继续犯错误，同时要相信自己依然是有价值的。我们必须接纳自己，要能看到自己的缺点和不足，也能欣赏自己的优点和长处。

无条件地接纳他人：我们要接受，别人有时候会不公平地对待我们。我们没有理由非要别人公平地对待我们。

无条件地接纳生活：我们要接受，生活不会按照我们想要的方式进行。我们没有理由非要生活必须如我们所愿，虽然我们可能会有一些不愉快的经历，但这些经历都是可以忍受的。

埃利斯一再强调，我们应当特别注意一点，那就是要意识到"恰当"和"不恰当"情绪之间的区别。悲伤、后悔、恼怒或失望等负面情绪是我们摆脱不了的。在某些情况下，这些情绪是我们对所遇之事作出的恰当反应，因而是健康的，也是合情合理的。

所以，如果我们承认，不管我们喜不喜欢，生活从来都是不公平的，那么我们的情绪就会得以改善。当我们还是孩子时，我们经常把"不公平"挂在嘴边，比如，当我们在自己卧室禁足时，当我们吃饭时不能玩电脑时，当我们必须收拾好房间才能看电视时，我们都会嘟嘟囔囔地抱怨"这不公平"。长大以后，这句话有了新的含义。我们要时时应对命运的变幻莫测，于是就会去怨天尤人，抱怨天道不公。

这不禁让人想起美国深夜时段脱口秀主持人约翰尼·卡森（Johnny Carson）说过的一句话："生活就是不公平的。如果生活公平的话，猫王① 还会活着，而所有模仿他的人都已经死了。"

我们总是费时费神去要求生活中的事情应该按照特定方式发展，或者要求事情的结果必须是这样或那样的（埃利斯称之为"绝对化要求"②）。他认为，这种僵化的信念是让我们陷入沮丧情绪的主要原因。如果我们能改变自己的想法，把要求视作愿望和希望，就会发现，世界从此不同。

如果把头脑中的"必须如何"和"应该如何"都换成"更希望如何"或"最好如何"，比如"火车'最好'今天能准点到""我'更希望'老板今天的心情比昨天好""我'更希望'我们部门的人都喜欢我提出的办公室改造书面提案""包裹'最好'上午就到，而不是下午才到"，是不是要好得多。

信念会影响思维，而思维又会影响情绪感受和行为方式。我们的信念其实是无意识的隐含假定，在不知不觉中引导着我们的思维方向。

每个人都有一套隐藏于内心深处的信念，是我们过去经验和现在经历的交融混合，只有在我们与自己对话时才会从黑暗中浮现出来，不可避免地对我们"勾勒"情境的方式发挥巨大的作用。

---

① 美国摇滚歌星埃尔维斯·普雷斯利（Elvis Presley）。——编者注

② 绝对化要求（demandingness）是埃利斯的 ABC 模型中不合理信念的特征之一，指的是人们以自己的意愿为出发点，认为某一事物必定会发生或不会发生的想法，它通常与"必须""应该"这类字眼连在一起。——译者注

想法、情绪及行为

在星期五深夜心理工作坊中，埃利斯发现大多数人都没有意识到，我们的思维、情绪和随后的行为之间是有联系的。他通常会向学员展示，为什么同样的事情不会让每个人都产生同样的反应，原因是个体不同的信念或态度引发了不一样的感受或情绪，也影响了他们看待事情的方式。

后来，随着 ABC 模型知名度和影响力的不断提升，埃利斯也进一步对该理论模型进行了丰富和完善，在 ABC 的后面加了两个步骤进行补充说明。他将新模型命名为 ABCDE 模型（图 4-2）。他创建新模型的目的在于向我们说明，我们可以和原来不合理的信念进行"辩论"（D），促使更理性、更健康的信念诞生，从而达成一种新的"效果"（E），引发不一样的情绪和行为。

埃利斯认为，当我们持有非理性信念时，我们往往会忽视积极因素，夸大消极因素，扭曲对现实的看法，思维方式也会出现过分概括化①的特点。因此，持有多种非理性信念的人会生活在扭曲的现实中，受负面情绪支配无法自拔，内心痛苦，不能自已，经常自我批判，饱受焦虑之苦，反反复复，

_____

① 过分概括化是非理性信念的三大特征之一（另外两个是绝对化要求和糟糕至极），指的是由一个偶然事件而得出一种极端信念，并将之不适当地应用于不相似的时间或情境中的行为。——译者注

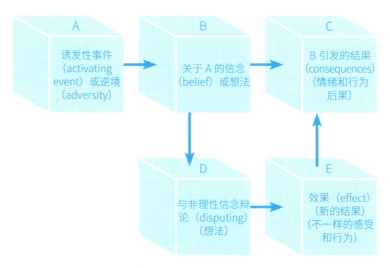

图 4-2　基于 ABC 模型的 ABCDE 模型

无休无止。相比之下，持有或养成更理性思维方式的人能够看清事情的真相，从而能够积极面对挑战，最终取得成功。

　　ABC 模型中，三个因素之间按一定顺序形成"因果"关系，可以让我们看到自己的功能障碍性思维方式和功能失调性态度①，也能看清楚我们对事情的"认知"解释是怎样来决定我们的情绪和行为的。

---

　　① 功能障碍性思维方式有：全或无思维、过度概括、精神过滤、优势打折、妄下断语、情绪推理等。功能失调性态度是一种潜在的、歪曲的认知结构，被应激性生活事件激发后，个体潜在的自我消极图式就会启动，表现出对自己、世界、未来的消极态度，认为自己不值得爱、没有人支持自己、未来没有希望，最终导致抑郁症状的出现。功能失调性态度可能是导致个体抑郁症状产生和持续的易感因素。——译者注

也就是说，一个人主要是通过自己对外界事情的反应来感知事情，很少时候可以直接感知事情本身。在大多数情况下，这种内在体验在我们遇事时都会飞速启动并结束，过程太快以至于我们察觉不到自己的有意识思考过程。埃利斯创建 ABC 模型的初衷就是帮助人们识别出自己的非理性信念，然后对这些信念进行逐一辩驳，让他们最终能够接受合理信念。

ABC 模型让我们能有机会检查自己一系列反应之间的因果关系，并识别出自己的功能失调性态度（想法和信念），从而能认识到，引发我们情绪和行为（C——结果）的不是事情或环境（A——刺激）本身，而是我们对情境的认知解释（B——信念）。然后，我们就可以适时用质疑自己想法的方式来重新夺回控制权。整个过程就像 ABC 一样简单。

回想一下，最近有什么事情在你的脑海中一直挥之不去。当时你反应强烈没有发挥好，你一直在想"要是当时那样做就好了"。

在这件事里，A 是什么？是怎样发展到 C 的？现在，也许最重要的是，这其中的 B 又是什么？（换句话说，在你感受到引发 C 的情绪之前，发生了什么？）

埃利斯的理性情绪行为疗法的核心内容是，在任何情况下，都是思维或者信念（B）而不是诱发性事件（A），引发的情绪等后果（C）。

让我们举例说明：

诱发性事件（A）：和朋友见面，她又迟到了。

信念（B）：她总是迟到。我们又不是没有提前约好。

这就是我们之前说过的，对于这一情境的信念，也是我们给自己讲的关于该情境的故事，是我们想法的起源。

你应该记得，我们会在事情发生时赋予事情以主观意义。每个人时不时都会有一些"非理性信念"，这些信念来自没有任何证据支撑的错误思维过程。

结果（C）：我的心情很沮丧，也很愤怒，觉得自己不被尊重，感到很失望。我决定，以后别人约我见面，我就说没空，因为我不想再经历一次这样难过的情绪。我要告诉朋友，接下来这段时间我都很忙。

"C"指的是这件事的后果，也就是你的情绪和行为反应。**如果你能将自己的事情作为分析示例，你就可以把自己日常生活中许多行为的形成过程分解成 ABC 三个部分。**这样一来，你就必须对自身的思考过程进行解构分析，从而可以避免许多烦恼和不必要的焦虑。

很多时候，我们在非理性思维的干扰下，不会试图去寻找问题的解决办法。对于那些不合理的想法，我们没有与之"辩论"，也没有检验它们是否与现实相符，就全盘接受，照单全收。

当你对自己可能存在的非理性思维提出质疑后，你的脑海中就会萌生出另一种思维过程，因而也会产生不一样的信念。

在上文的例子中，这件事有可能让两个朋友以后不再联系。现在，主人公经过理性分析，决定"反驳"自己之前的想法，那么她的想法自然会发生一些改变。我们来看看 D 和 E 会让事情的走向出现什么变化。

与非理性信念辩论（D）：嗯，她也不是每次都迟到了。最近我们见了 5 次，她迟到了 3 次。每次迟到她都向我道歉了，只是没告诉我原因。不过我想她至少还是说了对不起。她应该是有苦衷的，只是还没有告诉我。

对自己的想法和信念进行争辩，可以让你将更多的自我意识放在自己的思维过程上，避免妄下结论（这也是一种常见的错误思维方式，我们以后会谈及），甚至还能带你找到问题的解决方案。

效果（E）：也许她遇到了什么问题，但是她觉得自己没办法开口和我说。我去问问她吧。

在你与可能存在的非理性思维进行争论之后，"效果"就出来了。另一种思维过程在你头脑中生根发芽，开出了不一样的信念之花。

假设这个例子中的主人公决定去问她的朋友为什么迟到，她可能就会发现问题的真正所在。她朋友经常搭她室友的车去车站，但有时候她室友会晚几分钟下班，所以她朋友只能坐晚一点的火车。

她朋友的性格就是这样，觉得打电话告诉朋友自己晚点到这件事挺尴尬的，她以为朋友"不会在意这些小细节"。她们讨论这个问题后，一致同意以后她朋友应该发条短信或打个电话告诉她发生了什么事。

许多非理性的思维误区都源自我们的信念，而这些信念当然也推动着我们进行思考和开展行动。当我们分析自己的情绪（比如愤怒、挫败感、恐惧和遗憾），就会清楚地看到，有时候这些情绪与诱发性事件（A）是相匹配的，是非常健康的。如果我们使用 ABC 模型，就会确认这些都是恰当的情绪反应。

当情绪反应由非理性信念所引发，因而造成了不必要的内心冲突和痛苦时，按照 ABCDE 整体模型的步骤操作，会让我们受益匪浅。

让我们一起来看看可以使用 ABC 模型的一些场景。

场景 1

诱发性事件（A）

劳伦和丈夫在剧院里看音乐剧。中场休息时，他们来到吧台区域。这时，她看到一个女人向他们的方向走过来，立刻认出那是有时候给他们照看孩子的苏。

"看，那不是苏吗？"她对丈夫说。不过，出乎她意料的是，苏径直从他俩身边走了过去，一句话也没和他们说，仿佛他们不存在似的。

劳伦的信念和想法（B）

劳伦想："我简直不敢相信，她居然没打招呼就走了过去。难道是我做了什么事惹她生气了吗？上个月我们外出时她来家里帮我们看孩子，回来时接我们的出租车迟到了，所以我们晚了 20 分钟才回家。但是我们和她解释时，她一再说没关系，她不介意。我还给她付了不少加时费。她现在居然这样对我，太没有礼貌了。上次她需要用蒸汽清洁器，我还借给了她……我本来想过几个星期给她打电话，我参加同学聚会那晚还想让她过来帮我看孩子。现在我想找别人了。莎拉找了一个临时保姆好像挺可靠的。我去问她要联系方式……"

她的想法引发的情绪和行为后果（C）

劳伦在后半场时心情很差，无法集中精神观看《悲惨世界》(*Les Misérables*)(这个剧名无比贴切地描述了她的心情)。

当晚她回家以后,她还是心烦意乱。她母亲正在家帮她照顾孩子,劳伦对她母亲说:"我再也不会请苏做临时保姆了。"她母亲一头雾水,不明白她为什么突然这么说。

当他们再次需要临时保姆时,劳伦没有给苏打电话。她拿到了另一位临时保姆的名字和联系方式。

简单来说,劳伦对这件事的看法影响了她的感受,也决定了她随后的行为。

现在让我们来看看,如果她没有妄下结论的话,她就会发现事情背后的"真相"。

场景 2(更理性的思维方式)

诱发性事件(A)

"看,那不是苏吗?"她对丈夫说。不过,出乎她意料的是,苏径直从他俩身边走了过去,一句话也没和他们说,仿佛他们不存在似的。

劳伦的信念和想法(B)

劳伦想:"我觉得她应该没看到我们。看到她脸上的表情了吗?一副心事重重的样子。她走得飞快,一下子就穿过人群了,我根本追不上她。我明天再给她打个电话,确认一下她有没有事。反正我本来也要给她打电话,约个晚上让她过来。"

她想法引发的情绪和行为后果（C）

第二天劳伦给苏打电话："你好，苏。最近怎么样吗？你猜怎么着？我们昨晚去看《悲惨世界》音乐剧了，居然看到你也在。我看到你飞快地穿过吧台区域。"

"噢，劳伦，不好意思，我没看到你在那。不过也不奇怪，我当时有点儿小事故要处理。冉阿让救出珂赛特那一场戏让我哭得稀里哗啦，隐形眼镜也掉了一只。我急急忙忙地冲去盥洗室，想要在大批人群占领那里之前，把隐形眼镜戴好。幸好我包里有备用镜片。话说回来，你觉得昨晚的音乐剧怎么样？我已经看了三次了！"

同一件事情，思考的方式不同，结果也就不一样。

重构你的想法

这不就是我们生活中经常发生的事情吗？这件事清晰地描述出我们在特定情况下的想法—情绪—行动这一过程。在这个例子中，劳伦的想法影响了她的情绪，随即影响了她决定采取的行动。

我们可以从环境和情境上着眼，经过"重构"事件，用随后的行为来改变事情的结果。

在场景 1 中，劳伦感到心烦意乱，她随即决定重新找一个临时保姆，所以她单方面终止了和苏的雇佣关系。但做完这一切之后，她的心情更差了。她在没有真凭实据的情况下就对一件事情做出了自己的看法或解释。这样的事其实我们大家都做过，所以能够感同身受。

在场景 2 中，劳伦换了一种思维方式，她改变了自己的想法或信念，从认为自己被苏"冷落"转变到为苏"担心"，这表明她的情绪也不一样了：她不生气了，她的行为也不同了，她第二天主动联系了苏。一旦你的想法改变了，你对各种事情的情绪反应也会有所改变。

想法和情绪是引发行为的原因。因此，我们可以通过健康的思维方式来控制事情的发展和走向。

劳伦在场景 2 中的做法，至少可以消除双方可能产生的误解。在这件事中，其实谁都没有错，一场误会而已。

回想一下，你是否曾有过类似的读心式[1]思维，也曾妄下结论？

修炼"炼金术"，学会反驳自己的想法

人生路漫长，我们总会历经风雨坎坷，但 ABC 模型能明确显示出我们是如何控制自己对某一事件的理解及思考的。

---

[1] 读心式（mind reading）思维也是错误的思维方式中的一种，指过度解读他人，认为自己知道别人在想什么，没有真凭实据就推测别人的情绪和想法，并不加以确认的思维方式。——译者注

基于非理性信念的思维方式会让我们举步维艰，止步不前。在学会用较为理性的信念来质疑或反驳这些想法后，我们也许能改变自己的行为，让事情有一个更好的结果。

埃利斯的 ABC 模型是一项伟大的心理治疗技术，人人都可以将之当作一种"个人操作系统"，指引自己过好每一天，让我们能觉知到自己当下的想法。

我们都有这种力量，可以"重构"自己的想法、改变自己的感受，进而改变我们的处境。所有的改变都是通过语言实现的。

你由三部分组成：肉体、呼吸和心灵。前两者只在一定程度上属于你，需要你小心留意。只有第三样才真真正正属于你。

——《沉思录》，马可·奥勒留

我们需要再次强调一个重要的前提，它是我们所讨论的许多问题的基础：我们头脑里想的东西，并不一定就是真的。我们要时刻谨记，有些东西只是想法而已，并不是事实。

如果我们采用理性思维方式，就可以从客观的角度看到事实真相。反之，如果我们的思维方式是非理性的，那么我们就会认知失真，从而扭曲事实、曲解真相。

喝咖啡，听故事

一名男子觉得他妻子近来听力有所下降，担心她耳朵越来越聋。他往往问好几遍，都得不到她的回答，所以他每天都有挫败感，感觉很难受。

他打电话征求医生意见。

医生说："试试这个简单的测试。我们需要评估她听力受损的严重程度。站在离她 40 英尺远的地方，用平常聊天的语调和她说话，看她是否能听到。如果听不到，就走到离她 30 英尺的地方，再说一遍，再不行就走到 20 英尺处，还不行就走到 10 英尺处。"

"这四次测试完了之后，如果还是不行，你就再走近一些，直到你听到她的回应。"

那天晚上，男人的妻子在厨房里准备晚餐。男人站在离她约 40 英尺的地方，用正常的声音问："亲爱的，晚饭吃什么？"

没有听到回应。他朝着厨房走了几步，走到约 30 英尺的地方，问："多莉，晚饭吃什么？"

依然没有回应。他继续走到约 20 英尺处，再问，还是没有得到回应。

接着，他走到厨房门口，距她约 10 英尺远的地方。她就站在旁边切菜。他问："今晚吃什么？"

然而，她还是没有任何反应。于是，他只好走到她跟前问："多莉，晚饭吃什么？"

她抬头看着他，气愤地说："天哪，我都回答你第五遍了，吃牛肉布丁①！"

---

① 牛肉布丁（steak and kidney pudding）：英国传统菜肴，用牛排肉、牛羊腰子肉混合打碎做馅，蒸制而成。——译者注

第五章
担忧与焦虑

非理性思维的威力

我的一生充满了可怕
的不幸，虽然大部分不幸
都没有实际发生……

　　　——《蒙田随笔》（*Essais*），
　　米歇尔·德·蒙田（Michel de
　　　　　Montaigne）

压力、遗憾、焦虑、恐惧等情绪是人类的基本反应，是每个人必然会体验的。每当我们回忆往昔，想起一些负面经历，就会后悔自己当时应该（或不该）那样做，接着我们会想到遥不可知的未来，然后就会陷入高度焦虑之中。于是，我们的思绪便充满了恐惧和担忧。

对未知的忧虑会通过身心连接，对我们的情绪状态和身体健康产生影响。每个人一生中都有感到焦虑的时刻。焦虑是我们因为担心而产生的情绪反应。

我们的担心如下：

我们必须处理的实际或现实问题；
未来可能会出现的问题。

其实，焦虑的根源在于未来，而不在于现在。焦虑往往源于我们设想未来时产生的恐惧，而不是来自我们现在正感受的某种不愉快的情绪，也不是来自我们当下身处的某种让人不安的情境。

现在，大家应该都意识到了"赋予想法和情绪以主观意义"这种内心体验的重要性，也明白了正是这种内心体验让我们产生了担心和焦虑情绪。

一切的一切都取决于我们如何依据脑海中闪过的想法对事情进行解释和评价。每一个引发焦虑的想法，我们都要逐一去分析，这想法以前有过吗？为什么现在就有了呢？我们担心的事情真的会发生吗？

状态焦虑和特质焦虑

我们永远无法像想象中那样，按照自己喜欢的方式去真正掌控自己的人生。有些人生来就属于易焦虑类型，总是觉得自己应该要试着管控周围的事情。所以，我们必须审视自己的思维，质疑想法背后的信念和态度，才能找回我们对想法、情绪和行为的掌控权。

要拿回掌控权，我们首先必须对两种类型的焦虑进行区分。分清两者之间的区别可以帮助我们分析自己的思维，也有利于我们学会质疑自己的某些想法，从而减少自己内心的矛盾和痛苦。

我们预感到未来可能会发生的事情会给自己带来威胁，因而产生担心和紧张不安等情绪体验，这种状态被称为"状态焦虑"：一种有什么可怕的事情要发生的感觉。我们所有人都有过这样的体验。这种焦虑的特点是，一旦事过境迁，威胁解除，担心和忧虑也会随之消散。

"气象台发布预警，风暴'芒奇'将于近日内登陆。到时候是不是所有航班都会停航？那我还怎么去参加婚礼？"

"我得邀请汤姆和希拉里下个月过来开会，当面向他们解释我们要削减他们工时的原因。"

"他们在给我的车做保养时会发现什么？变速箱声音不太正常。这个修理起来不便宜吧？得花我多少钱哪？"

相比之下，更令人担忧的是，有些人长期处于焦虑状态之中。我们称这种情况为"**特质焦虑**"。对于如何诠释事件、看待世界，每个人自儿时起就会形成自己的一套风格和方式。早期生活经历对个体的人格和自尊发展都会产生深远的影响。有些童年经历会让人养成凡事都往坏处想的人格或性格特征，也可能让人形成低自尊。有特质焦虑的人，在问题还没出现时就开始考虑各种可能出错的因素。需要谨记的是，焦虑会触发"战斗或逃跑"的压力反应机制。

言语能伤人，也能治愈人

我们有时候会听到这样一句话："孩子焦虑起来和大人焦虑的时候没什么两样。"我们也经常看到，当父母因其对外界的看法产生焦虑时，孩子是怎样将父母的焦虑深深内化进自己的潜意识中的。有心理学家认为，如果父母经常追求"完美主义"或者经常过度批评子女及其行为，他们的孩子可能从小就在潜移默化中学会过于完美地苛求自己。

举个例子，不管是童年期还是长大后，他人带有情绪的言辞都能影响一个人的自信心。你可能还会记得儿时的一句童谣："棍子伤骨，石头伤筋，只有言语不伤人。①"但是言语真的不伤人吗？其实，言语可以伤人心，也能治愈人心。

伤人的话总是让人很难忘怀，这是人之本性。有时候，一句无心的话会对一个人的心理和自尊造成终生的伤害。许多人都有过这样的亲身经历，身体的伤口已经愈合并从记忆中消失多年后，伤人的话还在记忆中久久难以磨灭。

焦虑水平螺旋上升

许多人都下意识地认为，只要担心得够多，就能防止坏事发生，殊不知这样只会让情况雪上加霜。

如果担心的事情最终没有发生，这种信念就会得以强化，我们就会越来越坚信担心真的有用。所以，当我们养成了这种担忧的习惯，当我们抓到一张又一张的"烂牌"，手里的烂牌越来越多，要担心的事也越来越多，久而久之，积重难返，

---

① 原文：Sticks and stones may break my bones, but words will never hurt me。——译者注

我们就在不知不觉中落入极度焦虑的深渊。

心中泛起的担忧和焦虑可能会让我们感到悲伤难过，会剥夺我们相对快乐的心情。在这种状态下，我们会发现自己难以集中注意力。随着焦虑程度的递增，你可能会感到绝望、难以承受，感到内疚自责，自尊水平也会随之不断降低。你可能会越来越抗拒与他人接触，在社交生活上也有退缩行为。

我们使用非理性思维方式思考的倾向会让我们的焦虑水平不断螺旋上升①。但是我们要解决的不止这一个问题，因为反过来讲，焦虑也会影响我们的思维方式。

每个人在面对不同压力源时都会经历转瞬即逝、上下起伏的情绪波动，这些波动往往都很短暂。但是，如果一个人的心境长期被担忧和恐惧霸占，因其强度之大、频率之高，焦虑的感觉会呈压倒之势，一步一步将人推向抑郁的苦海之中。

焦虑对思维方式的负面影响可能主要表现在两个方面：一是自我批判式的思维倾向，二是回顾过去的行为和经历时总是将过错归因于自己而产生自责感。

你的记忆变得有选择性。你倾向于牢牢记住自己种下的因、结下的果，遭遇的种种不幸和犯过的大小错误。但是如

---

① 正常焦虑都有自己的周期，呈倒 U 型，焦虑水平升到峰值又会慢慢回落到正常情绪状态。如果处理不当，焦虑水平在每次要回落时，就会被强化，会上升，呈螺旋式上升的结构。——译者注

果不犯错误，我们在生活中就永远也学不到新的东西。你仔细想一想，任何人只要做事就可能会犯错。不管做什么事情，我们一开始都不能保证自己不会犯错。

重点在于你如何从前尘往事中抽身回来，也在于你相信这些过往经历并不能定义你是谁。我们都会内疚自责，这是人类的一个普遍弱点。记住，你不等于你犯的错误。

可能发生的最坏情况是什么？

许多研究调查发现，我们所担心和害怕的事情有 80% 到 90% 最终都未曾真正发生。马克·吐温有一句经常被人引用的名言："我这辈子遇到过许多麻烦，其中有些的确发生过。[1]"

"也许这只基金不是一个好的投资选择。"然后我们的思维就会沿螺旋结构不断向下蔓延，"我真不应该听约翰的话。他知道什么？他连每个月的预算都不能按时提交。如果北美股市暴跌，那要好几年才能涨回来。这只基金要是赚钱还好，要是亏了怎么办，我可亏不起了。而且，如果我失业了怎么办？如果工作没了，养老保险金也就没了。莎拉就又得回去

---

[1] 原文为：I have known many troubles in my life — and some of them actually happened。——译者注

做全职工作，她永远也不会原谅我了。她如果回去上班，来往要搭乘的火车就够她受的了。如果火车司机还是经常罢工怎么办？我们本来计划要扩建房子的，现在怎么办？现在还怎么给娜塔莎搭建她自己的房间？我总是没有考虑清楚就答应了她的要求。她肯定会生闷气，上网的时间也会更长。我现在都可以想象，当我告诉她这个坏消息时她会怎么说了。"

就像英国广播公司出品的电视剧《今日戏剧》①一样，没完没了……

我们会把所有的精力都浪费在担心上，而没有用在解决此时此地的问题上。更要命的是，我们担心的事情也许永远也不会发生。如果我们总是担心会有"万一"，那么焦虑水平就会不断呈螺旋式上升。想想看，我们大多数人都会花时间不断去设想和规划未来：未来五分钟、未来五小时、未来五天、未来五个月，甚至未来五年。

幸运的是，帮助就在身边。对于引发焦虑的"万一……怎么办？"（what if?）想法，我们可以用理性思维方式来解决，也就是说思考一些有用的问题，我称这些问题为"是多少或是什么（what is?）问题"。

------

① 《今日戏剧》（*Play for Today*）是一部英国电视剧，由英国广播公司制作，并于1970年至1984年在其1台播出，共14季。——译者注

与其胡思乱想一些可能永远都不会发生的事情，还不如想一想以下几个问题。

1. 从 1 到 10 的评估范围内，我担心的事情发生的可能性是多少？

"如果公司效益急剧下滑，他们可能会决定关闭我们这个办事处。不，我想不会，他们经常说这个办事处是一个关键的枢纽点，公司十分重视。"

2. 最有可能发生的事是什么？

"我想最坏的情况应该是缩减我们的工时。也许会实行弹性工作制，让我们有时候可以居家办公。"

3. 最好的情况是什么？

"公司已经有好几个为期 10 年的大项目准备公开招标了。只要一个招标成功，效益情况可能就会得到改善。"

4. 最坏的情况是什么？如果这种情况发生了，我能应付得过来吗？

"如果效益还是不行的话，公司肯定会给几个选择让我们自己选。如果最后真的要裁员的话，那也会给我们时间准备。也许这就是我寻找其他工作的动力。另外，理查德还在工作，而且马上就要升职加薪了，所以真的没有必要担心这个……"

最后一点，预想"最坏的情况"可能会发生，是斯多葛哲学的重要修行内容。我们在第二章结尾部分说过斯多葛哲学家推崇的一种练习，也就是塞涅卡称之为"预想最坏情境"

（praemeditatio malorium）的冥想练习。这是一种强大的心理意象操纵工具，可以将挫折或意外具象化，让我们未雨绸缪，防患于未然。他还用充满哲理的语言建议我们这样做：

……世事看淡，万事皆轻……笑对人生比哀叹人生更洒脱，境界也更高。

——《塞涅卡道德书简：致鲁基里乌斯书信集》，塞涅卡

适当的悲观能引导我们深思远虑，去想一些诸如未来"万一……怎么办"的假设性问题。它能让我们做最好的准备，做最坏的打算。

相反，积极正向思考的作用其实十分有限。进行正面思考之后你也许会感觉好一些，但是你的思想会更僵化。为什么呢？因为如果只进行正面思考的话，大脑神经元之间就无法产生新的回路。我们需要花一定时间来认真思考，防患于未然，为可能出现的危机和挑战切合实际地制定出应对策略。

这种冥想练习要求我们预想未来最坏的几种情境，并在脑海中想象细节画面。这会让此刻的你担心焦虑，从而去寻找可能有用的解决方案，以备不时之需。练习结束后，你就做好了心理准备，心理压力会大大减轻，练习中产生的担心和焦虑也会逐渐减退。

爱比克泰德也曾说过，在真正的困难来临之前，在心里预演每一种"不幸"，你就可以在想象中提前迎接未来的挑战。这种练习可以减少我们的焦虑情绪，无论未来命运如何安排，我们都做好了从容应对的准备。

我们可以使用 ABC 模型来质疑那些让我们感到焦虑的想法，将焦虑程度不断降低，直至焦虑变成更有益健康的关注感。这种情绪上的改变自然而然会引发我们行为上的改变。

如果在与自己对话中密切注意任何可能出错的事情，我们就会一直处于一种激越和恐惧状态。所以，斯多葛学派哲学家建议我们，与其把时间和精力都浪费在担忧上，还不如花同样的时间和精力去为假想情况寻找解决方案，而且，如果事情无法解决，至少也可以用这些时间和精力去尽量减少自己不愉快的感觉。

今天我摆脱了焦虑。不，我抛弃了它。

——《沉思录》，马可·奥勒留

这是马可·奥勒留调节心理状态的心得和方法。

此外，把自己跟他人做比较，容易引发失败感，失败感又常常会导致自我攻击，我们就会产生自己不如别人，别人能做到自己却做不到的想法，因而陷入深深的自我批判和自责之中。在我们自己眼中，这些想法通常显得很真实，但事实往往并非如此。因为负面想法就像浮云遮望眼，让人分不清事实真相，所以我们必须想方设法，拨云见日，才能豁然开朗。

关注自己能做的事情

我们需要把注意力从自我批判的想法上转移出去，转移至质疑那些有关自己是谁以及自己能做什么的非理性想法上去。

心理学家早就发现了，大脑对语句中含有"我"字的想法会展开更多联想。带"我"的想法会让自我对话更个人化，也会让你想起自己过去的成就、自己的优点和才能。

比如：

"我曾在其他竞争中成功入围最终三人候选名单，我现在也能做到。"

"好多人都和我说过我很擅长接待和问候，所以下周我要抓住这个机会。"

"这事儿我以前就做成过，没理由现在做不成。"

多项科学研究表明，回忆快乐的事情以及对拥有的事情满怀感激，能为心理健康带来有益的影响。

看过 J. K. 罗琳的《哈利·波特》的人应该都知道守护神咒 "patronus"。魔法师就是用这个咒语来对抗那些以吸食人们快乐为生的恶心"摄魂怪"（dementors）的。

其实，我们现实生活中也有许多"摄魂怪"，它们就是焦虑、消极、自我批评和抑郁等负面情绪。如果我们能回忆起那些让我们心存感激的事情，我们就使出了自己的守护神咒。"呼神护卫"（expecto patronum）看上去像是斯多葛哲学家们说的拉丁语，其实就是守护神咒的咒语。让我们用自我肯定、自我鼓励的"咒语"，去驱除负面想法，改变心中的感受吧。

如果你关注体育赛事，你可能在电视上见过这种镜头：比赛中场休息时，运动员有时会拿出几张纸条或"提示"卡，上面写有自我激励的短句。摄影师和电视台摄像机常常将镜头对准他们从包里掏出的纸条，然后放大镜头让观众看清楚纸条上手写的自我激励话语。网球运动员塞雷娜·威廉姆斯（Serena Williams）可以说是有史以来美国最伟大的运动员，她就会随身携带一本火柴盒大小的迷你便签本，上面写有为自己加油打气的励志短句，方便自己在网球比赛换场的休息时间阅读。她说："我用正能量的话语肯定和鼓励自己，我努力去相信自己。然后我稳扎稳打，一步一个脚印地向着胜利迈进。"

所以，当负面情绪铺天盖地将你压得喘不过气时，你可以想想这些运动员是怎么做的，也许你的思维方式就会发生改变。

ABC 模型告诉我们，想法和感受也许可以呼之即来，但却无法轻易挥之而去。我们必须质疑并反驳这些负面想法，揭露它们的真面目。想法是压制不了的，特别是当有人乐于助人地提醒你"别去想这事"时，你就越控制不住地去想这件事。

哈佛大学心理学教授丹尼尔·韦格纳（Daniel Wegner）是研究思维抑制的专家，他在看书时偶然读到过一句话（见下文）。

 试试给自己安排这样一个任务：不要去想一头北极熊。然后你就会发现，接下来的每分每秒你的脑海中都会浮现出那头北极熊。

——《冬日记的夏天印象》（*Winter Notes on Summer Impression*），陀思妥耶夫斯基

为了验证这句话的真实性，韦格纳进行了著名的白熊实验——一个要求参与者不能想一头熊的实验。在实验过程中，韦格纳让参与实验的人员说出五分钟内脑海中的所有想法，与此同时，试着不去想一头白色的熊。

这个实验回答了这样一个问题：当别人要求你不能想一头白色的北极熊时，如果你不去想白熊，那你会想些什么？其实，我们的大脑会自动思考和处理听到的每一个词语，所以不管怎么样，那头不能去想的"北极熊"最终都会出现在

你脑海中。该研究证明，越是刻意地去压抑某种想法，这种想法就会"反弹"得越厉害。事实上，你在无意间为大脑设置好程序，好让它记住"白色北极熊"这个词。实验结果引发了相关科研人员的兴趣，最终开拓了一个新的研究领域——"思维抑制"。

打比方说，你儿子要借你的新车开出去玩，你对他说："小心不要把轮胎剐蹭到马路牙子上。"他的大脑自动处理听到的每个词后，会潜意识地把注意力放在"剐蹭"和"轮胎"上。

如果你把这句话改成"开车时尽量与马路牙子保持一定距离"，他的大脑就会把注意力集中在"距离"和"马路牙子"两个词上，而且，从他的角度来说，这句话听上去也没有警告他不要刮到轮胎那么负面、那么逆耳。

在你准备上台演讲时，你的"内在对话[①]"会让你产生什么想法呢？假如你想"千万不要忘词，如果忘词了也千万不要结巴，更不能表现出紧张的样子，不要叹气"，"反弹效应[②]"就会让你把注意力放在"忘词""结巴""紧张"上面。

你可以转换一下思维方式，将这个想法改成："如果演讲

[①] 内在对话（inner talk）也就是自我对话，即自己与自己在脑海中不自觉进行的对话。——译者注

[②] 反弹效应：即白熊效应，指越压抑的想法会反弹得越厉害。——译者注

中有些内容想不起来的话，我会保持镇定，表现出自信，继续讲下一点，等想起来以后再找机会补充这部分内容。"

这时"反弹效应"会让注意力集中在"镇定""自信""继续"等词上面。

后续研究表明，当我们试图不去想某件事时，大脑中的某个区域会避免这个想法，但与此同时，另一个区域会时不时出来"监视"，确保这个想法不会再次出现。结果就是：这种监视引发的关注行为只会让这个想法一次又一次地出现在我们脑海中。

扭曲思维或"非理性"思维的力量

每个人有过扭曲思维或"非理性思维"。通常来说，这是一种不准确或夸张的思维形式，带有"绝对化"的倾向。

我们头脑中的思维非常善于扭曲现实。毕竟，你是对它发号施令的人。你命令思维对脑中的想法念头进行加工，不管这些念头是否能正确反映客观事实或准确预测事情的走向。所以，重要的是，我们要及时对非理性想法加以审视和分析，重新评价，使其符合现实。这么做的目的不是把遭遇的一切不幸都在脑海中合理化，而是确保这些想法能更准确地反映客观现实。

心理学家已经总结出几种最常见的扭曲思维形式。你可以对照下文反思一下，想想自己最近有没有犯过这几种思维错误。

过分概括化

过分概括化是一种以偏概全的思维方式。拥有这种不合理思维方式的人，不管对他人、自己，还是对待生活中的事情，只要看到一点点不好的地方，就会对其全盘否定。过分概括化的特点是想法中经常包含"总是""从不""没有人""每个人""这个世界是……"等词。你会认为你遇到的事情就是常常发生的事情。

"排队结账的每个人都慢吞吞的。"

"我出了这样的错误，以后没有人会相信我了。"

"我从来没赢过。"

出一次错，你就会认为自己是一无是处的废物。十个人看了你的数据分析报告，哪怕只有一个人质疑报告的准确性，你都会觉得自己工作能力不足。开高速不小心错过路口，你就认为自己开车技术差劲。一句批评的话会让你耿耿于怀一整天、一个星期、一个月甚至更长的时间。

无论你将这些想法宣之于口，还是缄之于心，都要认识到它们全是非常极端的念头。持有这种想法的人看到的情况比实际情况要糟糕得多，感受到的情绪自然也就更为负面。不过，至少当你向别人倾诉这些想法时，也许有人会善意地反驳其中的一些观点。如果你将想法缄之于心，任其在自我对话中蔓延，除你之外就没有第二个人能对其进行反驳了。

回忆一下上次你有这种想法是什么时候，它对你造成了什么影响？

读心式思维

读心术是最常见的一种不健康的思维方式，特别容易发生在我们自尊水平比较低的时候。持有这种思维方式的人会想当然地认为自己明白一个人（或一群人）在想什么。如果在舞台上成功表演读心术，那是挺精彩的，但是在现实生活中，这往往属于妄下结论的一种。

用读心式思维方式思考时，我们通常会得出什么样的结论？我们会认为别人对我们有负面想法，于是在脑海中上演着各种场景和画面：

"他不会回我电话的，因为上次我没帮上他的忙。"

"她认为我对她构成了威胁，根本不会把我列入候选名单，所以我也懒得去申请了。"

"我知道他肯定觉得我很无聊，因为他一直在看手机。"

你凭直觉猜测别人对你的感觉，在没有真凭实据的情况下就妄下结论，所以，实际上是你对自己持负面看法（并理所当然地视其为事实），还认为别人也是这样看你的。所有的这一切都是你自以为能看透他人的心思，用"读心术"凭空推测出来的。

你难道有没有注意到，"读心术"这一天赋技能只能读出别人对你的负面想法，却猜不到别人对你有什么正面看法吗？

最大化或选择性过滤

对于这种扭曲思维，你应该不会感到陌生：看事情只看负面细节，并将其放大，添油加醋，小题大做，顺便自我毁灭式地过滤掉所有正面信息，让事情的发展顺序全然失真。

持有这种思维方式的人只会注意到事情不好的一面。你的演讲很成功，但是忘记了一位团队成员的名字——简直惨不忍睹。你在宴会上穿的那条新裙子让你看起来光彩照人，但有一处线头散开了一点，你一眼就看到了——简直不堪入目。你筹备的会议进展顺利，但会议结束时来接与会人员的出租车迟到了 20 分钟——简直丢人现眼。

这种不良思维方式会让我们片面夸大每一种情况中"糟糕"的一面，并尽量缩小甚至屏蔽掉任何正面的信息。

"全或无"思维（两极分化思维）

持有"全或无"思维的个人看待事物非常极端化，非好即坏，非对即错，对自己如此，对人对事也如此。"全或无"思维通常也被称为"非黑即白"思维，因为持有这种思维的人看不到中间的灰色地带。这种思维是不现实的，也是于人无益、于己有损的，因为世事大多处于两个极端之间的中间地带。

这种思维方式会让人在许多情况下都一败涂地，从中产生的失望和自我批评的想法也会让人一蹶不振。用这种思维方式思考的人往往会制定出难以实现的超高标准，也更容易倾向于采用完美主义的思维方式。"全或无"是一种非常僵化的思维方式，会给人带来巨大的心理压力和焦虑。

"如果到月底我还没有减掉 7 磅（1 磅约 0.45 千克），我就没救了。"

"如果查不到考试成绩，我就不参加星期六的派对了。"

这种非理性思维方式会影响你对自己的看法，从而降低你的自尊水平。它的背后隐藏着这样一个信念：成绩和成就才是衡量一个人价值的标准。

个人化思维

个人化思维是一种常见的思维方式，即无论是不是自己的错都会揽责上身。持有这种思维方式的人常常认为别人说的话都是在针对自己，将别人随口说的话当成对自己的人身攻击，最终会发展成明明不是自己的错也会心怀愧疚，不是针对自己的事也会惭愧不安。

当你的另一半跟你说客厅需要整理一下，他会帮你，你就会认为他在指责你家务做少了，不够勤快。另一个部门的经理突然到办公室来找你，然后随口说了一句"这里的灯好像不怎么亮"，你就会认为他在针对你这个人提出批评。烘焙课上一个平常很健谈的同学今天不怎么说话，你就会认为她对你有意见。

有个人化思维倾向的人在认知过程中常常无缘无故就感到伤心难过，产生内疚的情绪，这些情绪不仅会影响人际交往，还会破坏人际关系。

责怪他人

这种思维和个人化思维正好相反。持有这种思维的人认为，自己过得不如意，错不在自己，而在于他人、公司、政府乃至"全天下"。他们觉得自己是事情的受害者，是他人轻率行径和卑劣谗言的牺牲品，把精力都花在怪罪别人或追究责任上，自然也就没有时间去寻找问题的解决和纠正方法。

如果可以把责任推给他人他事，我们就不需要在自己身上找原因，不用反省自己的思想行为是否有问题，也不用反思自己对事态的解读是否有错误，从而规避了本该由自己承担的责任。以下想法就是责怪他人的例子：

"这家破公司毁了我整个人生。"

"他们凭一己之力破坏了我一天的好心情。"

"如果他不这么做，我就不会有这样的反应。"

"她让我心情变得很差。"

"就是因为他，我才对着收银员大喊大叫。"

过分自责

这种思维方式与上一种完全相反。在事情发生后，持有这种想法的人容易本能地将原因归咎于自己，即便这不是他们的错，也不是他们的责任造成的，比如以下想法：

"我真不应该送给你那场音乐剧的票，不然你就不会在正厅包厢把戒指弄丢了。"

"如果我选其他的装修公司就好了，他们会把房子装修得更好。"

"早知道就不按照食谱上的时间来烘焙了。"

完美主义思维方式

听上去，完美主义好像是个很好的特质，但实际上，它会给人们带来不小的压力。在工作和生活等方面追求高标准、严要求是一件值得称道的事情，但是对自己要求过高的话就会产生许多问题。

心理学家将完美主义分为适应型和适应不良两种类型。适应型完美主义者虽然有自己的高标准，但更重要的是他们可以容忍自己在达成目标过程中的失败，不会出现负面情绪困扰。适应不良的完美主义者则恰恰相反，当他们认为自己失败时，内心会产生强烈的挫败和失落感，久久难以平复。

如果你的完美主义倾向主要源自内心的自我对话，而不是来自外界的压力，那么就可以使用 ABC 模型来质疑和反驳自己的想法和态度。

比方说，假设你必须在某个截止日期前向部门提交一份报告。你持有什么样的信念？在你看来，你是否觉得与其提交一份有错误的报告，还不如干脆不交报告？难道你上司不希望收到一份按时提交的报告吗？你对报告质量的"主观"看法未必准确，有时候，不用执着于精益求精，足够好即可。

预测未来

这种思维让人认为自己如有神通，可以预知未来。拥有这种思维方式的人觉得自己知道事情会有怎样的结局，所以对许多事情都持有一种回避的态度，以免最后置身于不利境地。置身事外当然可以规避危险，但也错过了生活中许多的小美好，失去了生活的参与感，最终对未来的预言就成为自证预言。比如以下想法：

"有个莎士比亚户外演出的活动，我才不会订票呢，到时候很可能会下雨，四月的天气，说变就变。"

"我就不参加这次的社交活动了，我参加过那么多次，从没遇到一个有意思的人。"

预言就这样成为现实。

灾难化思维

灾难化思维指的是一种常见的倾向：夸大事情的消极后果。高度焦虑或压力过大人群常常具有这种思维方式。

高度活跃的想象力，再加上相信灾难不可避免并认为自己有预言成真的能力，就会让一个人胡思乱想，越想越多，越想越觉得真（还记得第二章中的简吗？）。埃利斯将这种思维方式命名为灾难化思维。有这种思维习惯的人会把小小的不愉快看成可怕的灾难性事件，不管这件事有没有发生，他们都认为迟早会发生。他们对当前境况的评估与现实不符，常常会无端地感到紧张焦虑或烦恼忧虑。

"我们公司被大公司收购后，肯定会在我们部门裁员。我肯定在第一批裁员名单中。我可能要花好几个月，甚至好几年才能找到新的工作。"当我们采用这种方式思考时，我们需要对此有所察觉，哪怕被问题搞得焦头烂额时，也要注意自己的思维方式，因为这种思维方式可能会把事情搞得更严重。

贴标签

贴标签这种扭曲的思维习惯是很容易察觉的。我们许多人常常不自觉地给自己或别人添加一个描述性词语，作为识别的标签。但是我们都知道，言语具有强大的力量。

你也许会发现，自己身上有些标签来自你的童年，可能来自你的儿时伙伴，也可能来自父母老师等权威人物。同样，也许你对有些标签已经习以为常，无法轻易摆脱，甚至现在还在使用它们。

让我们一起来看看大家常常对自己或他人使用哪些负面标签。先说一个大家最喜欢用的标签：失败。接下来就是：无可救药、粗心大意、真没用、愚蠢、懒惰、霸道、争强好斗、不够成熟、不够敏感、软弱、傲慢……这样的词太多，实在无法一一列举。

问题是，其他人乃至我们自己身上就可能贴有其中一个标签，如果运气不好的话，我们身上甚至贴满了上述所有的标签。但我们要明白，一个人的行为不等于他整个人。我们不能将两者混为一谈，要试着分开看待。通常来说，给我们带来问题的不是一个人的性格，而是他的思维以及（或者）

行为。只有认识到这一点，我们才有动力尝试用不同的沟通方式来改善人际关系。

这些带有情绪色彩的词语（比如给某人贴上"不负责任"的标签）可能会让你产生愤怒的情绪，你被激怒后也可能会以牙还牙去激怒对方。当你给自己或他人他事贴上负面标签，这些带情绪的词语可能会引导你做出不当行为。没有人会喜欢别人用一个标签来定义自己整个人，或者用一个标签就把自己归类于某种人。

当我们给自己贴标签时，无论是内心中自我对话的声音，还是脱口而出诸如"我真是没救了""真可悲""真是个白痴"等话语，都会削弱大脑的思维能力。我们要学会接受自己偶尔出现的不健康行为，将之看成一次的行为，而不是一辈子的习惯，还要学会把自己的行为和自我分开看待，否则大脑的思维能力就无法得到提升。

"应该"/"必须"（僵化思维）

埃利斯指出，当我们使用"应该""必须""应当"等命令式词语时，问题就产生了。他把这种思维功能障碍称为"必须"程度的思维方式，即我们用这些词语将信念程度升级到一个新的高度，结果我们跟自己说的话却让自己感觉更糟。这种常见的思维方式是我们在生活中感到负罪感的根本原因。

如果我们坚持认为，这个世界、客观事物或人们都"应该"或"必须"如何，结果往往不会理想，然后我们就会产生愤怒和挫败感。"不得不""理应"也属于这类词语。

"我这个年纪应该结婚才对。"

"我的人生成就应该比现在高才对。"

"我应该得到更多人欣赏。"

"我应该给予更多支持。"

"我必须和克里斯汀娜联系。"

"我必须打扫一下空余的房间。"

"我现在应当减肥减了好几斤了。"

"我应当考虑得再周到一些……"

几乎所有人都有过这样的僵化信念：我应该如何，这个世界应该如何，他人应该如何。如果我们总是抱着这些关于我们、他人和世界应该如何的僵化信念不放，就只会让自己在痛苦中越陷越深。

我们要消除"事情应该或必须如何"的想法，改从"最好如何"或"更希望如何"等角度来思考，因为这才是健康的思维方式。如果我们把信念视为愿望，并认识到事情并非必须以某种方式发展，那我们的信念就不会引发什么问题。健康的思维方式就是放弃使用绝对化要求的思维方式，改用"最好如何"的想法：事情最好这样发展，人们最好以这种方式做事，他们最好以这种方式对待我们。这样的话，当事情不尽如人意时，我们的心态就会更灵活，也会更包容。

我想简单澄清一点。有时候，当我们说"应该"时，接下来我们想表达的其实是"这样我就可以……"。这是一种"表示条件"的应该，比如"我们应该争取在 8 点 15 分之前出门，这样我们 9 点之前就可以赶到手术室"，或者"我今晚不应该喝酒，这样我明天早上参加面试时就会头脑更清醒"。

那些并非表示条件的"应该"才是问题所在。

以上所有类型的非理性思维往往会在我们僵化信念的基础上变成习惯，除非引起我们的注意，否则会在日复一日不断重复中成为我们的日常思维方式。

喝咖啡，听故事

一名心外科医生经常把车送到附近的汽修厂去做定期保养。他和那里的老板认识了以后，两人没事会聊上两句。汽修厂老板是一名高级汽修师，技术好，工作非常忙，但赚的钱不多。

一次，汽修师对心外科医生说："我想知道一件事。这件事已经困扰我多年了。我想过接受它，适应它，但它总在我的脑海里挥之不去。"

"哦，"心外科医生回答，显得非常关心，"是你的身体出了什么问题吗？"

"不，不是这事。请不要误会。我一直在想我们俩的工作，在想你赚得比我多。"

"怎么了？"心外科医生回应道。

"看看这个。"汽修师指着他正在修理的一台发动机说。

"客户把它带给我，让我检查它的运行情况，因为他觉得有问题，然后就把它放在这里了。第二天，我把它打开，修好气门，再把它装好，它就跟新的一样可以继续工作了。你的工作内容基本上和我的差不多，对不对？"

"在某种程度上来说是的。"外科医生回答。

"但是你的薪水是我的十倍，甚至还要多。"汽修师说，"你怎么解释呢？"

外科医生停顿了一下，然后微笑着回答："你能在发动机运行时修理它吗？"

A
♥

第六章
学会驯服 "愤怒"
这头猛兽

"冰山" 一角

愤怒是一种酸性液体，它对容器的伤害远甚于任何它泼到的物品。

——《论愤怒》（*DE IRA*），塞涅卡

正如我们在前文中讨论过的，让你有情绪的，从来都不是别人，而是你自己。愤怒是一种情绪，当你感觉到它时，它就成了你的情绪。你也许会责怪他人引发了你心中的怒火，但不管怎样，这都是你的怒火。愤怒的情绪和愤怒的行为之间确有区别，但不管你用言行表达愤怒还是在内心感受愤怒，愤怒的问题都在你自己身上。

常听有人这样说："我忍不住，我的性格就是这样，容易发火。"易怒其实不是一个人格① 问题，而是一个习惯问题，这个问题源于你对生活的感知和看法，也来自你对自己情绪的处理方式。好在习惯是可以改变的。你可以学习用 ABC 模型来分析和改变自己的思维方式，直到养成新习惯，直到习惯成自然。

和压力一样，愤怒在某些情况下也是一种有用的情绪。很多时候，我们理应感到生气，但生气时怎么处理愤怒情绪

_____

① 心理学中的人格（personality）指的是个体具有的特质模式和行为倾向的统一体，是一个人较为稳定的心理素质，体现在对待事物的态度和习惯化的行为方式上，包含性格、气质、情感、认知、能力等。（《现代临床心理学》，陈青萍，2011）——译者注

才是最关键的问题，你会自信表达愤怒情绪，还是会用不健康的方式发泄或压抑怒火，选择就在你手中。你可以用健康的、建设性的方式来表达愤怒，比如向别人条理清楚地表明自己的愤怒心情就是一种更有效也更优雅的表达方式。说到底，愤怒在某些情况下可以被认为是一种积极情绪。

你也许从没见过有些人发脾气的样子，他们好像从不会怒形于色。表面上看，他们好像把心态调整得很好，可以冷静应对各种情况，但实际上这并不一定是好事。他们可能在压抑自己的怒气。其实忍住怒火不仅会让他们心存不满，而且还可能会让他们表现出更严重的被动攻击①倾向。无论在工作还是生活中，他们与人交往时都可能会表现得不够自信果敢。

事情因而会变得更复杂，他们内心的不满也越积越多。重点是，表达愤怒其实也有积极的一面。愤怒情绪中的某些因素可以转化为动力，会推动我们为实现某个目标而不懈奋斗，也会激发我们的斗志，让我们在冲突中勇敢地站出来捍卫自己的权益。

所以，症结在于该如何正确地表达自己的愤怒情绪。当

---

① 被动攻击是人际互动中一种不成熟的自我防御，指的是用被动的方式表现出强烈的攻击倾向。美国心理学家蒂姆·墨菲将之命名为"被动攻击"，也叫"隐形攻击"。一般来说，关系中比较弱势的一方会采用被动攻击，用逃避、拖延、有意激怒等隐秘方式进行反击，不会使用直接的方式，向强势一方表达因地位不对等而积累的负面情绪。——译者注

我们察觉到自己心跳加速、双手发颤或下巴发抖等生理现象时，我们就知道内心愤怒的"导火索"被真正点燃了，是时候问自己以下问题来检查自己的思维过程了。

是哪些想法和信念（ABC 模型中的 B）点燃了愤怒的导火索？如果你继续这样做，那可能会产生什么后果（ABC 模型中的 C）？会不会让你无法实现自己的"目标"？会不会搞得结局很不愉快？比如，可能会让领导不考虑给你升职，或者破坏你和别人午餐时的氛围。

如果我们用更切合实际的思维方式对自己的非理性信念B 进行质疑和反驳，那么会让结果 C 发生什么改变？你可能仍有晋升机会，或者可以愉快地与他人享用完午餐而不发生任何冲突。

让我们来看看，马可·奥勒留每天起床后对自己新的一天有什么样的期待吧。

每天清晨对自己说：今天我会遇到好管闲事的人、忘恩负义的人、傲慢无礼的人、不忠不义的人、居心不良的人和自私自利的人。他们之所以如此，是因为他们不知道什么是善、什么是恶。

——《沉思录》，马可·奥勒留

愤怒和藏在愤怒之下的其他情绪

愤怒也许是我们最难控制的一种情绪。专家总是告诉我们，不要压抑或隐藏自己的怒火，因为这样会危害我们的身心健康。

然而，这是我们大多数人都会犯的错误。打个比方，我们经常会用"我没事"这三个简单的字来掩饰自己的愤怒情绪，这其实是在用被动攻击的方式回应别人对我们的关心。

"我要参加斯诺克比赛，所以你得去接海莉，你确定没问题吗？"

"是的，我没事。"

"今天早上你和部门主管解释清楚后，你有没有觉得好一些？"

"是的，我感觉好些了。我没事。"

如果沟通时只考虑字面意思，不去想言外之意，那么交流就会变得没有营养，人际关系也会出现裂痕。压抑的怒火迟早都会爆发出来。

我们可以尽量远离让自己生气的人和事，但这不是解决愤怒问题的长久之计。因此，我们需要找到一种更健康的方式来表达自己的愤怒，来审视自己的思维方式。

现在，不少心理学家都对压力和愤怒展开了研究，结果表明，常常要在规定期限内完成工作的人以及长时间工作的人，可能更容易经常发怒。而且，那些总觉得别人做得不如自己好的人，不可避免地会让自己身上的担子越来越重。有时候，这可能是由于思维中的"完美主义"倾向；有时候，这可能是个人能力问题或"控制"问题。

信念决定思维，思维引发紧张易怒情绪。所以，要解决愤怒问题，还是得靠 ABC 模型。

试着去找出可能引发你愤怒的根源情绪。我们大多数人都没有意识到这个问题——到底是什么触发了我们的情绪。我们知道愤怒本身是一种强烈的情绪体验，但是我们从来没想过要去分析情绪紧张的可能原因。

关于这一点，心理学家提出了一个有趣的理论——"愤怒冰山"。该理论把愤怒比作一座冰山，愤怒只是露出水面的冰山一角，而水面之下还隐藏着许多其他情绪，比如内疚、不安全感、受伤、恐惧、羞耻、悲伤、尴尬或者糅合在一起的多种情绪，所有这些情绪都容易让人内心脆弱（图 6–1）。

通过查看水面下的隐藏情绪，我们可以找出愤怒的真正原因。换句话说，你要了解愤怒替你掩盖了哪些潜在情绪？

同样，当别人对你发火时，你也能在该理论的支持下去挖掘对方藏在愤怒之下的情绪，这样你就能更好地理解对方，也能做出更合适的回应。因此，愤怒往往是在掩盖其他未能表达的情绪。在人际交往中，最为重要的一点是要意识到"水面下"隐藏的情绪。露出水面的冰山一角其实只是症状，不是原因。

露出水面的冰山一角

愤怒

压力　　　害怕　　　　受挫感

创伤　　　失望　　　　紧张

缺乏安全感　　　不被尊重

被拒绝　　疲惫　　内疚感

被冒犯　　　焦虑

恐惧　　　无助

尴尬

难以承受

渴望　　悲伤

水面下的冰山

图6-1　愤怒只是露出水面的冰山一角

　　当你改变了不合理信念，你就走上了通往心理健康的正确途径。我们日常生活中经历的许多负面情绪（比如愤怒）都可以随着思维的改变而"降级"为一种更健康、破坏力更小的情绪（比如厌烦、恼怒或受挫感）。很多时候，我们感知到的愤怒其实不是"真正的"愤怒，而是压力。

　　"不，莎拉，我现在可不想听那部纪录片。我之前说过了，我才不管这部片子多有意思。我只想一个人待15分钟，打几个电话。如果我没有打通紧急电话，叫人来修下水道的话，你就高兴了吧！"

这是一个压力很大的人，愤怒只是他表达压力的方式。

所以，当我们在生活中承受着急性或慢性压力时，总是容易烦躁，爱发脾气，而发脾气又会引发更大的压力。所以，压力越大，引发的怒火也就越旺，从而形成了一个恶性循环。

所有的调查报告结果一致表明，当今社会中有压力人群的占比明显高于过往数年，这说明压力已成为一个普遍存在的社会问题，自然引起了媒体的广泛关注。从新闻报道中可以看出，如今社会戾气越来越重。对于本来就易怒的人来说，社会生存压力过大极有可能会引发他们更多的愤怒行为。

现在我们了解了引发愤怒情绪的"触发点"以及 ABC 模型中的诱发性事件 A。每个人都有隐藏情绪，就像水面下的"冰山"，稍有不慎就会翻个底朝天，让我们都掉进冰冷的水中。

结果，我们生气的程度可能会超过事情的分量。通常我们在生气时，内心真正想要的其实是一些具体的东西，比如某种形式的认可，或者一个道歉。回想一下，你是否见过这样的情况：一个人可能因为个人利益受损而不满，一时冲动下怒气终于爆发，人生终极目标因而受到波及，最后反而不得不向对方（侵犯他们利益的人）道歉。

说到这里，我的脑海中不禁浮现出 2022 年洛杉矶奥斯卡颁奖礼上的惊人一幕①。在这场全球现场直播的典礼上，一位演员对一位颁奖嘉宾实施了暴力行为。不料这位演员之后斩获了奥斯卡大奖，在领奖时不得不为自己的行为向震惊的现场观众道歉。这戏剧性的一幕随后引发全球热议，风头一时盖过了奥斯卡颁奖礼本身。

当你心中激愤不已时，请叫停自己脑中那些调动情绪的自动化想法，问问自己此时最好用什么方式来回应。这比一时冲动造成无法挽回的局面要好得多，因为后者会让我们长期活在后悔之中。有句俗语说得好："话到舌尖停一停，再到嘴边留三分。②"

愤怒与身体状况之间的关系

在任何情况下，当我们的容忍度越来越低时，底线就越高，我们就会发现越过自己底线的人和事越来越多，越来越频繁，引得我们时不时要大怒一场。

其实，一个人的身体状况也常常是愤怒情绪的催化剂。

---

① 此处应指威尔·史密斯在听到颁奖嘉宾克里斯·洛克调侃自己的妻子光头造型（因为史密斯妻子患有脱发症，不得已才剃了光头）时，一时情绪失控，上台打了洛克一耳光的名场面。——译者注

② 原文为：I stop and taste my words before I let them pass my teeth。——译者注

比如，身体不适、睡眠不佳或筋疲力尽都可能会让我们产生愤怒情绪。如果你经常出差或旅行，你就会经常在机场看到这种景象：当旅客得知航班中断时，本就疲惫不堪的他们会不由自主地把怒火宣泄在值机人员身上。类似这样的行为必然会给人带来更大的压力，因为你还得去处理因自己发火而可能造成的矛盾冲突。

有时候，当你与人聊天陷入尴尬，或者遇到一件事情让你沮丧不已时，请记住，暂停一下有好处。采取暂停策略会让你做事更有成效，也会减少对自己和他人的伤害。我们在第二章中讲解过呼吸的作用，在这种时刻，采用健康的呼吸方式真的非常重要。试着慢慢地深呼吸，大约每分钟呼吸 8 次，这样可以让心跳放缓，你会感到更放松。

现在我们知道，个人压力水平是一个决定因素，决定了你是否会经常生气，与人争吵，也决定了你是否会长期处于愤怒状态。我们也知道，我们可以自己选择如何去解释情境。我们每天都可能遇到"逆境"或"诱发性事件"（A），这些事件给我们机会，让我们感到愤怒或对人充满敌意。但我们可以决定自己是否要抓住这些机会。

两种不同的愤怒

每个人对世界的主观看法都各不相同。他们眼里的"现实"和我们看到的也许会不一样。实际上，并没有什么客观现实，一切事实都是人的感知结果。

生活中的愤怒情绪可以分为两种类型：短暂性愤怒和长期性愤怒。

短暂性愤怒通常由某种情况或事件引发，往往很快就能平复下来。

有些人比一般人更容易生气，生气时情绪也更激动。用认知心理学的术语来说，他们的挫折容忍力① 较低（LFT）。

人一旦有了愤怒情绪，就常常会陷入"应该"如何这种绝对化要求的思维陷阱，从而夸大或缩小自己所遇之事的重要性。他们觉得自己"不应该"在超市收银台前等那么长时间，"不应该"遇到火车晚点，手机"不应该"刚好没电，给自己带来诸多不便。

日常生活中，我们和陌生人打交道时，会遇到各种各样的情况，可能会让自己产生短暂性的愤怒情绪：当你走进一家商店时，店员好长时间都没有招呼你，也没有为你提供任何服务，因为她在和同事聊自己前一天晚上相亲的故事，还没有讲完；当你在餐厅用餐时，服务员正在为一桌客人服务，

---

① 挫折容忍力（frustration tolerance），最早由心理测量专家罗森茨韦克（Rosenzweig）提出，他认为挫折容忍力是指个体能以不扭曲生活情境的客观事实而承受挫折情境的能力。我国学者吴清山和林天佑进一步指出，挫折容忍力是指个人需求无法获得满足或是在遭遇困难情境时，能够承受困境打击或忍受需求，以维持正常生活的能力。——译者注

好像看不到其他桌的客人有什么需要、是不是在等着买单；当你坐出租车时，你发现司机带你绕远路，让你领略了神秘的魔幻之旅后，才把你送回家。

与之相反的是，长期性愤怒的根源往往并非外界情况，而是一种不健康的、"扭曲"的思维方式。

我们对他人都抱有一定期望，当他人做错一点小事时，我们的思维方式可能会将小错放大，用高标准来要求他人，会去想他人本来可以用另一种方式做事——这种想法会让人不断地反复思考同一件事情（"她说了……，然后我说……，然后她居然说……，再然后她竟敢……"）。

愤怒长时间累积在心中，久而久之就会引发怨恨，怨恨可长达数年之久，甚至一生。通常来说，只有改变思维方式，你才能摆脱那种将人不断引向同一个想法的螺旋式思维。长期处于愤怒状态的人，思维不会呈螺旋式上升，反而始终螺旋向下，呈负向循环，最终让消极的想法占了上风。

你认识的人中有多少人处于这种状态？有多少人走不出过去的阴影，放不下心中的恩怨？

他们抓着对方过去的行为和过错一直不放手，心中因此觉得痛快不已（"这件事给了他们一个教训……""这是他们的损失，因为他们现在不能……"），但这些想法也对他们自己的生活和心理健康产生了负面影响，让他们觉得痛苦不堪（"有时我半夜醒来，因为梦到了这些事情，所以醒来后它们在我脑海中挥之不去，让我左思右想，辗转难眠。晚上睡眠不足，白天我就容易情绪化，也感到万分疲倦"'我们之间的友情走到了尽头，让我又伤心又愤怒，真是浪费时间，浪费生命。")

如果我们回顾 ABC 模型就会明白，他人的行为（A）当然是引发我们愤怒的原因之一，然而是我们自己选择看待事情的方式（B）决定了我们的情绪和行为反应。当你的愤怒难以排解，久久无法释怀时，受苦的难道不是你自己吗？

研究人类心理的科学家们观察到，愤怒与其他所有不健康情绪的不同之处在于，我们会表现出一种不想让愤怒消失的倾向。我们的正义感在某些时候可能会非常强烈，以至于我们想要一直保持这种情绪，不让他人（或他事）侥幸"逃脱惩罚"。

当然，并非所有愤怒都是有害的。我们除了对打交道的其他人会产生愤怒情绪以外，可能还会对整个社会，包括各类机构、不同局势和政客等，都长期感到愤怒。如果我们时不时看到不公平现象而不会感到愤怒，那么我们就没有动力去推动社会做出改变。所以，只要我们能够对于某种特定情况，出于正确的原因，用正确的方式来表达愤怒，我们就可以化愤怒为动力，用有效愤怒为促进社会公平公正而贡献自己的力量。

单以政府和政客为例，有些纸媒、网媒和电视媒体会对各国政府和政客言论进行报道和评论，许多节目会成为媒体人表达愤怒和发表讽刺评论的平台。我记得有一档广播系列节目在宣传预告中是这样说的："这个节目对政客的效果，就和断头台对喉咙痛的效果一样。"

我们对他人和世界都抱有一定期望：人们应该如何或不应该如何。自然而然地，他人的行为就成了我们愤怒的"诱发性事件"（A）。然而，我们都很清楚，重要的是我们如何回应，也就是我们如何基于自己的信念（B）来看待事情。

批评，无论是针对我们自己还是他人，都不一定是使人进步的最佳方式。你有没有注意到，不管是对动物还是对孩子，如果想让他们做某件事或改变某种行为，那么给他们某种"奖励"的效果才是最好的？

通常情况下，如果双方还能进行对话交流，那么矛盾得以解决、冲突得以化解的机会就更大。你经常看到有人与别人激烈争吵一些自己无法控制的事情。你可能听过这样一个说法："我讨厌争执，因为它总是打断讨论。"

如前所述，争论某些话题，比如政治，不但徒劳无功还浪费时间。如果双方能求同存异，也许再加上一点点幽默，可能就会收获更显著的效果。伊索对当时的社会现象进行了细致的观察，并得出了评论（见下文）。

我们把小偷送上绞架，把大盗送上官位 [1]。

——《伊索寓言》，伊索

当我们遇到事与愿违的情况，就是说我们认为事情应该这样发展但事情偏偏那样发展，或者我们认为他人应该这样做事可别人偏偏那样行事时，我们要做好如何回应的选择——将愤怒表达出来还是放在心里。所以，我们又回到那个词：控制。我们对此确实有控制权，所以我们能管理好自己的情绪。

我们的大脑都有这样的设定，就是我们在许多情况下都会相信他人"应该"如何行事，应该按照我们认为正确的方式去做事情。这种僵化的思维方式会让我们遇事时难以管理自己的情绪，所以我们很快就会情绪失控。

从 ABC 模型可以看出，我们的想法、感受和行为是按一定顺序发生的。阿尔伯特·埃利斯在临床治疗中观察到这样一个现象：大部分人都没有花足够的时间来审视自己的思维方式。所以，他经常提醒大家，你有什么想法，就会有什么感受。

在这里，我想向大家展示一种方法，该方法形象地说明

---

① 伊索这句话与庄子的"窃钩者诛，窃国者诸侯"有异曲同工之妙。——译者注

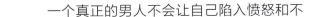

了,当我们逐渐学会"观察"自己的思维时,向下螺旋的思维是如何停止的。请你回想一个充满压力的场景,或者一件可能会让你生气的事情。在这个过程中,闭上眼睛,花三到五分钟的时间在脑海中把整件事从头到尾想一遍,会更有画面感。

你做了什么事?你当时脑子里在想什么?这一次你的处理方式有什么不同吗?思维方式的改变怎样引起事情的结果发生改变?

斯多葛主义谈愤怒

斯多葛主义的先哲和认知疗法的鼻祖都告诉过我们,我们可以用控制自己思维的方式来控制自己的情绪。可惜,在容易被激怒的情形下,大多数人的自动想法往往会变得不合理,而且毫无用处。这个时候,如果我们可以对内心做一次冷静而理性的评估,怒气值就可能就会慢慢下降。但人在气头上时很难做到这一点,做不到的人就更容易沦为情绪的奴隶。

你应该还记得,对于斯多葛学派哲学家来说,"激情"是我们痛苦的根源。

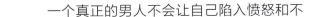 一个真正的男人不会让自己陷入愤怒和不

♥
♠　　满之中……这样的人有力量，有勇气，也有耐
♠
◆　　力，和暴躁易怒的人完全不同。

——《沉思录》，马可·奥勒留

斯多葛学派认为，愤怒会夺走你宝贵的能量，所以当你面对自己可能掌控不了的事情时，最好表现出平静，不做任何反应。

当你对愤怒情绪作出反应，你就会失控。
当你对愤怒情绪进行回应，你就能自控。

这背后有什么心理学原理呢？当你回应时，你在控制自己的思想，而不是思想在控制你。

当你对愤怒情绪作出反应时，你做出的是下意识的反射性行为。
当你对愤怒情绪进行回应时，你是在思考中。

我们的自主神经系统会对任何迫在眉睫的威胁或危险进行评估，让我们对特定情况形成特定的直觉反应，有时会引发我们的愤怒和敌意。我们的目的是要让副交感神经系统

（PSN）发挥作用（与"战斗或逃跑"模式相反，有人称之为"休息与消化"模式），让我们平静下来，恢复至平常状态。

在一次心理工作坊上，一位学员向我讲述了她的一段经历。她之前用"线上下单，线下提货"的方式在一家百货商场买了一件东西。那天，她收到一条短信通知她下午两点半以后可以去商场取货，等她下午 3 点 5 分抵达商场专柜时，货却还没有到。她顿时火冒三丈，嘴里嚷嚷着："服务质量太差了。"这时，陆续有其他客人来取货，在她身后排起了长队，而她坚持要见经理。

经理为了保护她的隐私，把她领到一边，并向她解释说装有她预定商品的那辆货车路上发生了一点事故，但她仍对他大喊大叫，说："你为什么没有早点采取应急措施处理这件事？"经理解释说，这场事故刚发生不久，就在大约 90 分钟之前。

他重复说了两遍，说作为补偿，他们会安排专门的出租车送货上门，最晚下午 6 点之前就会送到她家，但她对这个补偿方案没有任何回应，还在一个劲地说着"服务太差""没有应急措施"之类的话。

最后，经理又说了一遍，他们会安排出租车送货，最晚下午 6 点前会送货上门。这时，她才稍微平静了一点，说："好吧，你早这么说不就完事了吗……"当我们感到紧张、愤怒和有压力时，记忆力往往会受到影响。

实际上，她到底有多急着要这个商品呢？到底是什么商品这么重要呢？

一个壁挂式咖啡杯收纳架！

正如古希腊哲学家亚里士多德在很久之前观察到的那样，我们要学会恰当地表达愤怒。

任何人都会发火，这很简单。但是在恰当的时间，出于恰当的动机，用恰当的方式，对恰当的人表达恰当程度的愤怒，就不简单了，这不是每个人都能做到的。

——《修辞学》（ *The Art of Rhetoric* ），亚里士多德

我相信大家在回忆往事时，会发现自己在以上某点或好几点上都踩过坑、犯了忌，做出过不太"恰当"的选择。

非理性的愤怒

埃利斯认为愤怒管理的核心问题在于，我们总是把事情想得比实际更糟。他注意到人们总是倾向于把事情往坏处想，将事情的结果"灾难化"，但其实事情很少出现灾难性结果，我们自己却陷入不必要的痛苦之中。为了减少这种倾

向，埃利斯建议他的来访者和学员学会审视自己的非理性核
心信念，改变自己的思维想法，看看自己这次发火有没有正
当理由。

生活中的许多人际关系问题都源自一种人人几乎都有的
感觉，一种证明自己是"对"的需要。（你有没有注意到，我
们很难与一个不执着于自己是对是错的人发生争执？）这种
感觉会导致人际关系出现裂痕，会引发长期的争吵，也会让
心中的怨恨越发根深蒂固。要改变这种感觉，我们可以试
着站在对方的角度看问题，分析一下他们为什么会有这样的
想法。

在怒火攻心时，你可以试试看自己是否能调整自己的
思维方式，内观自己的信念是理性的还是非理性的。你也许
会发现自己很难原谅某人，他做的事情对你造成了不可饶恕
的伤害，让你的怒气久久不能平息。比如，有人一时被愤怒
和紧张情绪冲昏了头脑，逞口舌之快，对你说出了一些伤人
的话语，过后他们又十分后悔，想要收回说错的话。就像保
罗·麦卡特尼（Paul McCartney）在一首歌[1]中唱的那样："我
们说错话以后，是多么地希望时光倒流，回到昨天，收回自
己说过的话语。"

---

[1] 这首歌应为披头士乐队歌手麦卡特尼的《昨天》（*Yesterday*），对应的歌词
为："I said something wrong, now I long for yesterday（我说错了话，现在我渴望回到
昨天）。"——译者注

有时你必须决定什么对你最重要。在一些"人际关系"问题上，在这场冲突中，说到底，是对方这个人更重要，还是你的原则更重要？可能在这个问题上你的观点是对的，但如果对方是一个固执己见、一意孤行的人，那你与之争论不休，气得七窍生烟，又有什么意义呢？

有时候，别人对我们说了一些话，我们可能对其中的几个词的意思有不同的理解（或者与之相反，我们说了一些话，别人对其中几个词有所误解），误会由此产生，常常闹得双方都不愉快，心中都留下了隔阂和伤痕。我们都清楚语言的力量有多强大。愤怒也是一种自我保护的"盾牌"，因为在许多情况下，愤怒比悲伤或受伤让人感觉更好一些（想一想"愤怒冰山"理论）。所以，主动道歉和接受道歉有时是打破僵局的唯一办法。

塞涅卡曾被罗马皇帝克劳狄乌斯流放至科西嘉岛。就是在这座岛上，他完成了一部关于愤怒的著作。

……与我们遭受的伤害相比，我们的愤怒总是持续得更久。

——《论愤怒》，塞涅卡

他指出，愤怒往往来自对现实的误解或错误认识。所以他花了大量的笔墨来论述如何在第一时间避免愤怒情绪的产生。他告诫人们："……最好的办法是立刻浇灭愤怒的第一个苗头，从一开始就不让它出现，还要注意不能让它死灰复燃，脱离掌控。"

认识到愤怒情绪对我们心理健康有哪些影响后，他继续写道："……一旦我们被冲昏了头脑，就很难再回到身心健康的状态，因为如果激情进入头脑，理性就无用武之地了。"

塞涅卡等斯多葛先哲们记录下了"想法—情绪—行为"这一心理活动的过程。他还建议我们这样做："……将所有愤怒的表象转向反面……我们应该强迫自己松弛面容、缓和声音、放慢步伐。如果这样做，我们的内在状态就会逐渐变得与外部状态相似，愤怒也会随之烟消云散。"

这段话实际上从另一个角度说明了，腹式深呼吸会启动副交感神经系统（与交感神经系统在"战斗或逃跑"模式中的作用相反），给愤怒中的大脑输送更多氧气，让人从激动的情绪中冷静下来。

而且，他还主张我们采取一种更平和的心态来保持自己的心理健康。这是一种饱含智慧的人生哲理，让我们受益匪浅。"……世事看淡，万事皆轻……笑对人生比哀叹人生更洒脱，境界也更高。"

成为更好的自己

　　塞涅卡认为应该制定一套生活指南，用来指引我们应该如何生活，如何与他人相处，这一点非常正确。他说："生命短暂，别把时间浪费在愤怒上。"

　　让自己成为这样一个人：活着的时候受万人爱戴，离去的时候让万人怀念。

　　　　　　　　　　　　　——《论愤怒》，塞涅卡

　　斯多葛学派哲学家们认为，在评价他人之前，我们应该保持开朗的心态，凡事不要往坏处想，因为这样不仅会影响你自己的身心健康，还会影响你看待这个世界的方式，动摇你对外界的信任感。他们认为，我们应该努力让自己成为更好的人，成为一个道德高尚、品行端正的人。

　　我们知道，人与人相处有时会出现一种镜像模仿的情况，就是说人们会无意识地模仿自己眼中对方的言行举止，就像照镜子一样。比如，如果你看起来热情又高兴，那么和你相处的人往往也会不自觉地表现出同样的态度。我们遇到的每个人身上都有值得我们学习的地方，斯多葛哲学家说过，善待他人是一种能力，但这句话的意思不是让你在吃亏受欺负时一味顺从忍让。

我很喜欢女明星乔安娜·林莉（Joanna Lumley）在一次采访中说的话（如果古代的斯多葛哲学家们听到这段话也会表示赞同）：

"亲爱的，秘诀就是去爱你遇到的每一个人，从见到他们的那一刻起。无条件相信所有人。一开始就要让自己觉得他们都很可爱，你肯定会喜欢他们。大部分人都会对此作出同样回应，变得可爱起来，也会喜欢上你，这种想法就会成为一个自证预言，然后一切美好都会如约而至。"

 请远离那些让你失望的混蛋。

——《在更高的地方看世界》（*If I Could Tell You Just One Thing*），理查德·里德（Richard Reed）

喝咖啡，听故事

一位商人一路奔波，疲惫不堪地赶到肯尼迪国际机场，却遇到航班延误。他来到机场的商店，买了一本看上去挺有意思的书、一大杯咖啡和一小袋饼干，里面装有五块双重浓香巧克力曲奇饼。

商店里人很多，但他在一位女士的旁边找到了一个空位置。"我可以坐这儿吗？"他指着那个空位置问。

"当然可以。"女士回答。

他坐下来开始看书，几分钟后他看得入了迷。他一边看，一边从饼干袋里拿出一块巧克力曲奇吃了起来。

出乎他意料的是，坐在他旁边的女士也从饼干袋里拿出一块曲奇，表情自然而平静。

他惊呆了，但是不敢说什么，也不敢看她。

他只好继续看书，只是表情不太自然，随后又伸手拿了一块曲奇吃了起来。

不一会儿，那位女士也伸手拿了一块曲奇。这时，他感觉胸口有一股怒气在往上蹿。

接下来发生的事情让他大跌眼镜。那位女士抓起那包饼干，盯着他，然后把剩下的最后一块曲奇递给了他。

简直不可理喻，他站了起来，喊道："岂有此理！我从来没见过这种事情！"他愤怒地拿起自己的行李，狠狠地瞪了一眼那位女士，然后大步流星地走出商店，向登机口走去，因为他那趟航班马上要准备登机了。

他把手伸进包里去拿登机牌，结果有包东西从他的包里掉了出来。他仔细一看，是一袋还没开封的双重浓香巧克力曲奇。

A ♥

第七章
诸神可能会掷骰子

你已经打完了手里所有的牌

不要把日子过得好像你还能活一千年似的。死亡如影随形；趁生命还在，能力还在，去做更好的自己。

——《沉思录》，马可·奥勒留

日常生活中绝大多数的痛苦，都源于我们拒绝接受现实。然而，心理预期与现实之间总会有落差。

古代先哲告诉我们，我们控制不了的事情不值得我们去耗费心力，更不值得我们为此产生挫败感。不要只因为觉得事情不公平，不"应该"是这样的结果，就总是在抗拒现实。当然，说起来容易做起来难，但如果我们能学会接受生活中的一切，我们就不会把宝贵时间浪费在焦虑上，也不会常常处于压力之中。

斯多葛学派哲学家们建议人们不要沉溺于过去，要用哲学的眼光看待自身的境遇。有些人生际遇，也许是因果循环，也许是天意安排，冥冥之中，早已注定。

但他们并没有用宿命论[①]思想来看待未来；相反，他们苦心竭力，努力去影响未来的结果。但无论未来是福是祸，他们都会坦然面对，欣然接受。

[①] 宿命论是一种认为事物的变化和发展、人的生死和贫富都由命运或天命决定，人无能为力的思想。相信宿命论的人常常认为，该发生的终会发生，谁都无法改变或阻止。——译者注

不求一切如你所愿，只愿一切顺其自然。
这才是通往内心安宁之路。

——《道德手册》，爱比克泰德

不要总是质问上苍，抱怨不公。"为什么这件事要发生在我身上?""这太不公平了""生活不应该是这样的"，这些话语只会加剧悲伤、愤怒、焦虑和痛苦等负面情绪。

塞涅卡曾说过:"智者不会觉得自己配不上命运的馈赠。"

 对一心只祈盼好运的人来说，厄运对他们
的打击是最沉重的。

——《论幸福生活》(*On the Happy Life*)，塞
涅卡

在前文中，我们谈到了"接受"的重要性，也谈到了我们应该如何做到接受现实。换句话说，就是我们要学会放下，不要对事情应该如何发展有任何预期。如果我们浪费时间去责怪自己没有按某种方式做事的话，我们就放弃了一件本可以控制的事物——一股可以改变自己思维方式的力量。我们需要摆脱的是改变过去的执念。

但这不是叫你放弃，也不是让你去感谢生命中的不幸，更不是让你做错决定而不知悔改。相反，你会认识到自己无

法控制事态发展，会收回精力，不再做徒劳的抵抗，同时你的头脑也会更清晰，将注意力专注于可控的几件事情上。

如果你总是去回想"如果当初"，去幻想结果会如何不一样的话，那么可以想象，你会多么愤怒，又会多么有挫败感，而这些负面情绪又会消耗你多少能量。这种想法其实我们每个人都有。我们经常在脑海中展开联想，编写故事，想象如果命运给我们换一把牌的话，我们的生活会有什么不同。于是，我们就会在不知不觉中陷入"本可以"的思想怪圈，劳神耗力，不停想着"我本可以这样做""我本应该那样做""她本可以这样做"……

所以，我们又回到了给自己讲的故事上面。"要是当初我买了另外那套房子就好了""如果当初我接受另一个工作机会就好了""我应该结婚的""要是当初……，我们现在会过得更好"——这些自我批判式的想法都在跟我们说，如果我们当初做了不一样的选择，现在的生活就会更幸福。我们把大量心理资源都耗费在白日做梦和后悔之上，为自认为本可以拥有的幸福和人生成就而哀叹不已。但是，我们怎么知道如果重新来过，一切会更好？我们怎么可能知道呢？

站在现在回顾过去，过去的不明智的决定和行为在现在看来是多么的显而易见，一目了然。但是如果我们用审视过去的精力去规划未来，想办法让自己过上想要的生活，不就要好得多吗？

除此之外，我们还可能会沉浸在"人比人，气死人①"的痛苦之中。我们会不自觉地拿自己这个人、自己的成就和自己的生活状态与别人做比较。但是，人与人之间总是有差距的，不管是经济实力和生活环境，总会有人比你好，也总会有人比你差。

我们必须谨记，迄今为止我们所有的人生经历，也就是发生在我们身上的所有事情，无论好坏悲喜，都"塑造"了我们现在的自己。没有过去的经历，就不会有今天的我们。如果"本可以"发生的事情当初真的发生了，你就不会是现在的你。

马可·奥勒留写道："一个优秀的人会欣然迎接命运的织布机给他织出的所有经历。"

运气和"勇气"

人的一生中，不论追求什么，运气永远都是一个不可忽视的因素，因为我们要接受一个不可改变的事实，那就是机遇对人生的决定性作用，它决定着我们一生的成与败。

成功不能只靠技能和天赋，但技能和天赋又是成功的关键因素，能让我们在某些情况下脱颖而出，也能让我们看到

---

① 原文为：compare and despair。——译者注

别人看不到的风景，做别人做不到的事情。当运气或机遇不站在我们这边时，我们也可以用技能和天赋尽量减少损失，减轻伤害。

对运气进行分类，有助于我们评估自己对事情的控制程度，也能帮我们减少自我批评的想法。一般来说，运气可分为以下几种：第一种是"随机的好运"，这种好运不在我们的控制范围之内，比如买彩票或抽奖中大奖。第二种是"随机的坏运"，同样属于不可控事件，比如爆胎、暴风雨掀翻屋顶瓦片。第三种运气我们常称之为"机遇"，是我们努力创造、不懈奋斗得来的，比如你悉心筛选出来的股票和股份为你赚取了高额回报，或者你们公司在进行推广促销活动后，销售额实现了增长。

如果我们认真观察身边的人和事，时刻铭记"运气和勇气"（luck and pluck）这句老话，就会对人生有更深刻的理解和感悟。"运气和勇气"之间的差别就在于，前者似乎不费吹灰之力，仅凭幸运（运气）或不正当手段就可以得到自己想要的东西，而后者则在自己的不懈努力（勇气）下最终有所收获。我们可以将勇气（pluck）定义为"面对困难时的坚定和勇敢"。

也许我们可以在这句老话上加入新的解释，你应该也注意到了，在运气（luck）的英文单词前面加一个 p，运气（luck）就变成了勇气（pluck），这个关键的 p 也许有一定的象征意义，我们也许可以将这个 p 理解成"坚持"
（persistence）。所以，如果我们没有得到"诸神"的眷顾和
垂怜，手里的牌也已经打完，我们也要心怀希望，坚持下去，
也许下一次命运会发给我们一手更好的牌，也许下一次就会
否极泰来，柳暗花明。

努力去塑造自己的命运

在最后几章的内容中，我们一直在强调，生活中的事情
多多少少是我们无法控制的。即便我们天资卓越，勤奋不怠，
创意无限，在实现目标的过程中仍然会遇到困难挫折。然后
我们会紧盯着自己的失误不放，陷入自我批判式的思维之中。
成功由几大要素组成，努力和能力固然重要，但运气也必不
可少，我们只有认清并接受这一点，事情才会出现转机。

保罗·J. 盖蒂（Paul J. Getty）是一位石油大亨，深谙运
气之道。有人问他是如何赚取巨额财富的，他回答说："有人
找到了石油，有人没有找到。"

人生道路难免坎坷不平，跌倒了就爬起来继续前行。我
们都知道命运无法掌控，但是如果我们能持之以恒，熟能生
巧，就总会有所收获。虽说天神掷"骰子"，万物皆有定数，
但我们依然砥砺前行，接纳人生的"定数"，追求人生的"变
数"，努力去"塑造"自己的命运。

你可能遇到过这样的人，他们遇到困难绝不放弃，不达目的誓不罢休，让你肃然起敬、心悦诚服。流行文化圈、体育界和娱乐圈中，经常能看到他们坚持不懈、奋勇拼搏的身影。J. K. 罗琳在 2008 年哈佛大学的毕业典礼上发表的演讲中，有一段话特别精彩：

"人生不可能事事都一帆风顺，永远不失败是不可能的，除非你活得过于小心谨慎，但这样的话你会感觉自己好像没有真正活过……失败让我的内心产生一种安全感，是我从未在考试通过时获得过的安全感……失败也教会了我一些东西，是我无法通过其他途径学到的东西。我发现，我比自己认为的要有更强的意志力和自制力。"

1954 年，猫王埃尔维斯·普雷斯利（Elvis Presley）还未成名。一次，他在美国乡村音乐之都纳什维尔（Nashville）的大奥普里剧院（Grand Ole Opry）里演出，效果非常不理想，观众极度不买账，当时他的经纪人吉姆·丹尼（Jim Denny）就对他说："孩子，你不适合干这一行，干脆回去开卡车吧。"但埃尔维斯有着强大的自尊和自信心，咬牙坚持了下去，最终成了众所周知的"摇滚之王"。

当失败的阴影笼罩在心头时，我们不由自主就想要放弃，但是看看体育运动员，你就会备受鼓舞，重新振作起来。在体育竞技中，运动员只具备体能、战术和技术三大能力是不够的，还要具备第四种能力：心理素质。我们之前也说过，人类倾向于懊悔过去，担忧未来，从而忽略了现在。在体育竞技中也一样，对运动员来说，最重要的就是专注于当下，这是重中之重。如果专注力丢了，比赛也就输了。

在所有的体育赛事中，网球赛最考验运动员的心理素质，心理关也是网球运动员在决一胜负时最关键的一关。我至今还记得拉斐尔·纳达尔（Rafael Nadal）在 2022 年 1 月澳大利亚网球公开赛决赛上的精彩表现，他钢铁般强大的心理韧性和专注力让我惊叹不已。这场比赛的过程精彩纷呈，极具悬念和戏剧性，深深吸引了在场观众。

当时纳达尔已获得 20 个大满贯（是三位获此殊荣的网球运动员之一），这次比赛有机会让他成为史上第一个夺得 21 个大满贯的男子网球运动员。但他也有需要面对和解决的问题：受脚伤旧疾困扰，他已经六个月没有参加比赛。一个月前，这位 35 岁的球员还在和经纪人考虑是否结束自己的职业生涯，也就是说从球场上退役。

结果，在澳网比赛中，他成功闯入决赛，不仅轰动了整个网坛，连他自己都感到惊讶万分。他的对手，比他小十岁的丹尼尔·梅德韦杰夫（Daniil Medvedev），率先拿下了第一盘比赛。纳达尔在第二盘中不甘落后，在一个长达 40 回合的较量后以 4∶1 领先，然后以 5∶3 进入发球胜盘①局，但未能

---

① 发球胜盘：发球的一方拿下这一局，就赢得这一盘的比赛。——译者注

把握住盘点①。最终双方战至6∶6平，进入抢七②阶段，在抢七中，梅德韦杰夫拿下盘点，最终赢下第二盘比赛。

此时纳达尔已经连输两盘。想要在这种情况下赢得比赛，对常人来说简直是个不可能完成的任务。换作其他人，可能此时早已陷入对过去的失望和对未来的绝望之中。但是纳达尔有着超乎常人的心理素质，让他可以集中精神专注于当下。在第三盘的第六局比赛中，对手拥有3个破发点③，看起来比赛马上就要结束了，但纳达尔最终以6∶4扳回一盘，拿下了第三盘的胜利，比赛得以继续进行。

反击战就此开始。但纳达尔仍需拿下接下来的两盘比赛才能赢得决赛胜利。第四盘比赛结束于午夜时分，这是一个灰姑娘似的结局吗？在四盘比赛结束后，双方比分持平，纳达尔凭一己之力将比赛拖入第五盘——决胜盘的角逐开始了。

赛场上充满了紧张焦灼的气氛，观众的呐喊声震耳欲聋，纳达尔置若罔闻，专心比赛，将比分追至5∶4，随后却未能

---

　　① 盘点：距离赢得一盘比赛只差一分的情况。——译者注

　　② 抢七：按照网球的规则，大赛每盘六局，赢六局的一方赢得这一盘的比赛，出现6∶6平局时，必须先赢七局为胜。——译者注

　　③ 破发点：如果还差一球就可以拿下此局比赛，并且领先对手一分的话，称为拥有一个破发点；如果还差一球就可以拿下此局比赛，并且领先对手两分的话，称为拥有两个破发点；如果还差一球就可以拿下此局比赛，并且领先对手三分的话，称为拥有三个破发点。——译者注

拿下发球胜赛局。比赛进入胶着状态，剑拔弩张的气氛笼罩全场。这时，不知何故，纳达尔仿佛被注入了一股强大的精神力量，他破发成功，将比分拉到 6：5，然后再接再厉，最终以 7：5 的比分逆转梅德韦杰夫，赢下了决胜盘。在鏖战 5 小时 23 分钟后，纳达尔终于打破纪录，夺得第 21 个大满贯单打冠军。

这是公开赛年代以来耗时第二长的大满贯决赛。那耗时最长的大满贯决赛是哪一场呢？是 2012 年在澳大利亚举行的决赛，耗时共计 5 小时 53 分钟，决赛的一方是诺瓦克·德约科维奇（Novak Djokovic），而另一方正是拉斐尔·纳达尔，仿佛记忆重叠，经典再现。

在比赛中，纳达尔可以很轻易地告诉自己，他运气不好，告诉自己，他已历经重重困难，但至少已经闯入了决赛。但他在决赛中却坚持了下来，告诉自己，说服自己，相信自己的技术和天赋可以扭转局面，最终实现了逆袭。

这就是我们每个人在时运不济或抓到"烂牌"时应该努力去做的事情。它会鼓励我们坚持下去，不要放弃。遇到挫折时，我们多少次屈服于内心那些自我怀疑的声音？这些声音不停抱怨失败，指责自己不够好，劝我们及时放弃。

对于如何理解世界、如何看待日常生活中的无常变化和机遇挑战，我们每个人都有自己的主观看法。这种看法、态度或信念决定了我们对外界环境的心理反应。

　　我还记得早年听过的一句意味深长、发人深省的话。这句话是这么说的："你若想做，总会找到办法；你若不想做，总会找到借口。"

喝咖啡，听故事

约翰感觉自己的生活失控了，这已不是他第一次出现这样的感觉了。他在工作上要处理的问题一个接一个，层出不穷，让他应接不暇。他还是个乐于助人的热心肠，经常好心帮忙，结果来找他帮忙的人越来越多，以至于他越帮越忙。

其实很多时候，他也想拒绝，但就是开不了口说"不"，因为他不想让别人失望，结果却给自己带来了重重压力，每次他在"优先事项"清单上勾掉一件事情，就会有更多的事情出现在这个清单上。所以他感觉自己的生活始终在原地踏步，没有取得任何进展。

他想多些时间和家人相处，他感觉，自己在孩子的成长过程中长期缺席。他还想找时间联系一下好久不见的朋友，也想要重拾那些让生活更有意义的兴趣爱好。

他以为，把这些小事处理好之后，就会有时间去做他生命中重要的"大事"。没想到日子一天一天、一月一月、一年一年过去了，他依旧没有时间。

一天，他路过附近一个音乐厅时，偶然看到一张讲座传单，是一位哲学家要做一次题为"过你自己想要的充实人生"的讲座。

他按照传单上的日期去参加了讲座。他看到礼堂里的观众席上熙熙攘攘、人头攒动时，暗自松了一口气。

这时，哲学家走上了舞台，手里托着一个大托盘，托盘上放着一个很大的玻璃罐子、一袋约 3 英寸（1 英寸 =2.54 厘米）长的石块、一袋小鹅卵石、一小盆沙子、两个咖啡杯和一个咖啡壶。"大家晚上好，"她说，"看起来大家对我手里的道具都很好奇。放心，等一下你们都会明白的。这些道具是让你们生活更充实的关键物品。"

她把玻璃罐放在桌上，然后把石块一块一块都放进罐子里，直到石块堆到瓶口，再也放不下了。她把罐子举起来给观众看，然后问："瓶子满了吗？"

观众们都认为瓶子里没有空间再放石块了，所以异口同声地回答说："满了。"

然后，她拿起那袋小鹅卵石，把它们倒进罐子里，并开始摇晃罐子，让鹅卵石滚进大石块之间的空当。"现在罐子满了吗？"她问。

观众们你看看我，我看看你，再一次回答说："满了。"

"真的满了吗？"她问。

哲学家又拿起那盆沙子，把沙子倒进石块和鹅卵石之间，然后摇晃罐子，让沙子渗下去，填满所有的间隙。接着她把罐子举到观众面前，让大家看看罐子是不是比之前更满了。

约翰坐在前排，一直保持安静的他这时内心有所触动，大声回答说："是的，现在是真的满了。"其他人都鼓掌表示赞同。

"我想让你们每个人都意识到，这个玻璃罐就代表你们的生活。"哲学家一边说一边坐到凳子上。

"这些大石块代表着生命中最重要的东西，比如你的家人、朋友、你的激情所在和身心健康。如果你失去了所有，只要拥有这些东西，你就仍会觉得生活充实而完整。

"这些小鹅卵石代表着对你来说较为重要的东西，比如你的住所和工作。沙子代表着其他的东西，比如一些日常琐事。

"如果你先把大块的东西放进去，小一点的东西自然会在大块东西之间找到适合自己的空间和缝隙。"

她又拿出一个空玻璃罐，往里面倒沙子，快倒满时再试着往罐子里放几块大石头，结果只有一块石头落在沙子上，其他都掉到地上了。

如果先往罐子里倒小卵石和沙子，那你的生活中就没有大石头的容身之处了

"如果你先往罐子里倒满沙子，就没有地方放大石头和小卵石了。

"满满"的人生之罐

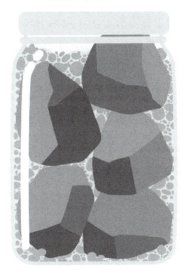

"如果你把生活中所有的时间和精力都花费在小事情上，那你就没有时间和精力去处理那些对你真正重要的事情了。

"所以，在生活中，你要重点关注那些给你带来真正的幸福感和成就感的事情，要确保你给事情排的优先顺序是合情、符合现实的。你要花时间陪陪孩子，带你的另一半出去吃晚餐，与自己生命中重要的人多聊一聊天，挤出时间读一本好书。

"你要先处理生活中的'大石头'，再处理其余真正重要的事情。剩下的都是不值一提的沙子。"

在台下观众鼓掌时，哲学家又把咖啡壶里的咖啡倒进两个咖啡杯里，接着把这两杯咖啡都倒进那个装满大石头、小卵石和沙子的玻璃罐中，咖啡很快就渗入石块、卵石和沙子中。

观众继续报以热烈的掌声。一个女孩举手问道："咖啡代表了什么？"

"我很高兴在讲座结束前有人想到要问我这个问题。咖啡在这里只是表明，无论你的生活（也就是这个罐子），看起来有多满，你总有时间（空间）和别人喝几杯咖啡。"

说完之后，她在雷鸣般的掌声中走下了舞台。

尾 声

"好了，各位亲爱的同事，这些文字稿你们都看得怎么样啦？"乔恩推开门，向桌子这边走了过来。

大家都抬起头看着他，露出兴奋的笑容。詹妮弗第一个开口了："给我带来特别大的启发，乔恩！也许你应该建议他把它写成一本书，书名为《打好你手里的牌》，怎么样？"

"对，我同意你的看法，詹妮弗。讲得太好了。乔恩，我感觉自己好像和你与凯特一起在那里听讲。"考特尼说，"我们有没有机会邀请马克·森特斯来英国呢？"

"呃，有个小问题，"乔恩回答，"等凯特下来后我再解释。"

"乔恩，最后一次讲座结束时，他给你皇家同花顺是什么意思？"马修问道。

"哦，那是五张扑克，每一张上面都印有一句发人深省的金句。"乔恩回答说。

"可以给我们看看吗？"考特尼问。

"天知道怎么会有人想要看这五张牌？"乔恩微笑着说，"其实我知道詹妮弗喜欢这些，所以我把它们放在钱包里随身携带。就是这五张，看了之后可以传给其他人。"

凯特来了，她打开手提袋拿出钱包。"读得怎么样，喜欢吗？"她问。大家点了点头。

"扑克上的这些金句都特别……我都不知道用什么词来形容了。"詹妮弗在认真研读了牌上的每一句话之后说道。

"鼓舞人心？"汤姆补充。

"对，特别鼓舞人心，这个词好。"詹妮弗回答。

"好的，咖啡来啦，"凯特将托盘放在长沙发前的桌上，"我相信你们都喜欢这些文字稿。"

"我们的确很喜欢，"一度持怀疑态度的马修说，"我现在终于明白了。大部分人都没有意识到，你其实可以观察自己的思维过程，也可以察觉自己的想法在朝哪个方向发展，还可以质疑这些想法是否符合现实。"

"不要责怪自己，马修。"考特尼说，"对了，凯特，乔恩正要和我们说马克·森特斯的一些事，他怎么啦？乔恩说要等你下来再说。"

乔恩看向凯特，说："凯特，你来说吗？"

"好吧，"凯特说，"从哪里说起呢？最后一次讲座结束后的第二天，我和乔恩去隔壁办公楼去找马克，想和他聊一聊，并送他一份礼物表示感谢。问题是，没人认识他，没人听过他的名字。当然，我们想到了录音带中他的声音，于是带着录音带去找人力资源部帮忙，希望他们能认出这个声音，但是当乔恩播放音频时，奇怪的事情发生了，什么声音都没有，一片空白。"

"然后发生了什么？"詹妮弗问。

"然后我们四处打听，看有没有人能记得见过他，但是没人记得。他的名字甚至都不在总部的公司人员名单上。"

"太诡异了吧？"詹妮弗说。

"对啊，"凯特回答，"因为前一天还好好的，我就是在那天把录音转成文字的。"

"这件事你干得漂亮，"汤姆说，"不然我们今天就没有机会读到这些内容了。"

"是的，还有，"乔恩把身子往前倾，脸色变得严肃起来，"我们和那边信息技术部门的一位同事聊了一下，我不得不说，他是个聪明人。他看了看马克·森特斯这个名字，然后向我和凯特指出了一个重大发现。"

"他说，如果我们把'马克'（Marc）看成'马克·奥勒留'中的'马克'（Marcus）或是其缩写，再把'森特斯'（Sentus）中的'S-E-N'看作'塞涅卡'（Seneca）的缩写，而'T-U-S'是'爱比克泰德'（Epictetus）的最后三个字母，把它们拼在一起，我们就可以得出马克·森特斯（Marc Sentus）这个名字了。"

"现在是真的很诡异了，"考特尼说，在座位上微微发抖。"这又说明了什么？"她追问。

"这说明，我们什么都不知道。"凯特回答。

"所以，乔恩，"詹妮弗说，"你们的意思是不是……他不存在还是怎么的？"

乔恩看着凯特，希望她能回答。"我们只是不知道，詹妮弗，"凯特说，"没人见过他。我们有的只是录音转的文字稿和五张扑克牌，算是不幸中的大幸了。"

"下次再说这个吧，可以吗？"乔恩说，"我觉得我们现在得出发去火车站了。我们可不能迟到。我还要为今晚的演讲做些准备。"

大家都站了起来。卡特去付咖啡钱，她说："你们先去坐电梯，我付完钱就来，很快的。"

她在一楼赶上了他们，大家一起向出租车站走去。天开始下雨了，凯特一边跟在大家的后面，一边伸手在包里找雨伞。这时，她的员工牌从包里掉了出来，掉在人行道上。

"不好意思，这是你的牌吗？"凯特听到身后有人问她。其他人没有听到，继续往前走了。

凯特抬起头，看到一个穿着连帽衫的人，兜帽罩住了大半张脸，让人看不清楚。他把工牌递给凯特。当凯特伸手去接时，她看到这个人手上戴着一根腕带，上面刻有"创造奇迹"几个字。震惊之下，她失声高喊乔恩，但是他已经走远了，没听到。她回过头来，环顾四周，想要寻找戴兜帽男子的身影，却发现他早已不见，周围一个人也没有。

A

大千世界，处处蕴藏神奇，耐心
等待着人类的感官变得更敏锐。

——威廉·巴特勒·叶芝